王意馨 Leslie Wang 圖・文

巷仔口
的美食家

200+台灣最在地的
小吃速寫×老店尋味

推薦序

Leslie 的作品總是喚醒我許多美好。

2015 年底我從法國回到台灣，當時受到歐洲文化薰陶的我，總覺得外國的月亮圓，台灣的爌肉飯也不輸，美食圈怎麼就看不到一線光芒。

就在一個看展的機會，我意外遇見了 Leslie，欣賞她的作品當下，喚醒我對這片土地的美食探索靈魂以及熱情。

從她的畫作探索內心的台灣樣子，從她的文筆發掘在地美食的口碑故事，而這些都不會記錄在國史館，只會在你我的生活當中，偶然地得知，總是驚奇不意永遠不無聊！

這本書我推薦給所有對台灣美食有熱情的人，Leslie 利用她的才華，告訴我們這就是台灣味，This Is Our Food Culture！

如果沒食慾，翻開此書，你會肚子餓，
如果沒想法，翻開此書，你會知道今天我想來點～～

型男大主廚客座主廚

陳佑昇

推薦序

　　認識 Leslie 是某天在社群媒體上的匆匆一瞥。那是她在某個餐廳牆壁上的壁畫作品。

　　她畫作的色調及線條當下捕獲了我的注意，就像隨意走在巷弄之間，忽然聞到兒時記憶中烤雞蛋糕的味道。

　　溫暖，質樸，充滿情感。

　　當時我正在找一個可以幫我畫出（對我來說意義深遠的）一碗日式咖哩的畫家，也許就是她了。

　　我厚著臉皮傳訊息跟她解釋前因後果，並相約為她烹煮一碗咖哩。赴約當天她邊吃邊畫，隨手便畫出了我心中所勾勒的咖哩樣貌。

　　渾然天成，毫不費力。筆觸本身已述說著許多故事，無需贅述多言。

　　後來，聽她說起她的旅程，還有那些滋養她畫作種子的養分，才慢慢理解那筆觸線條下的娓娓述說，是從何而來。

　　彼此身為與食物緊密連結的工作者，我們都有一段旅居外地的經驗，都曾經在異國的深夜裡，默默思念著豆漿店的裊裊蒸汽或是快炒的吆喝聲和鍋鏟鑊氣。

　　這些屬於我們心靈的料理深深地在我們心中，支持我們在異地每一天不斷的向前。

　　我以為，小吃與庶民料理是每個偉大飲食文化的根本。在小吃中我們可以嚐到物產和季節、文化的脈絡，還有人們的營生，甚至是歷史的痕跡。

　　一個擁有美味庶民料理文化的地方，相信也擁有非常深遠的飲食人文。

Leslie 靜謐筆下的滷肉飯、台鐵便當和永和豆漿，散發出淡淡的鄉愁。

這些原本已經熟悉到很難說清楚自己跟它們之間距離的料理，彷彿紛紛有了觸手，連結我們在這塊土地生活的時刻與片段，以及先祖所生活的時空連結。

我時常想像，母親當年從日本返台打包，帶著還在母胎裡的我去吃仁愛醫院豬肝湯（現陳鐵心）。幼時就讀仁愛國小的我，常常搭早一班的公車去吃拌麵、豬肝湯當早餐，還常常沒睡醒忘記付錢！而現在，我已年過不惑，還是經常在清晨騎著腳踏車，去獨享這碗穿越時空的拌麵與豬肝湯，一面遙想當年的母親和肚裡的我，不知是否還保有隱約的母胎記憶呢？

這樣的庶民料理，在我們所生活的這塊土地比比皆是，常溫暖我心頭。

當我得知，Leslie 即將把這些我所鍾愛或是我還沒拜訪過的店家，畫出來並集結成冊時，心中暗自竊喜。如此一來我就可以按圖索驥，前往尋找別人家巷子口的那碗美味記憶。

這份美味，也將成為我們台灣人跨時空的共同飲食記憶和自我身分的認同。

食物，是我和 Leslie 的共同的語言，只是我割烹，而她畫作。
盯著 Leslie 的作品，畫作中的食材料理們，以極為低頻的騷動，慢慢的動搖著我內心深處非常柔軟的那塊心田。

Nobuo 餐廳 行政主廚

Nobu Lee 李信男

推薦序

　　以前在英國唸書，介紹自己來自台灣，所有的外國同學都會讚嘆：「我知道台灣！你們很有名的珍珠奶茶好好喝喔！」這也算是一種台灣小吃文化揚名國際的最佳成功典範吧！

　　身為營養師的我，本身也是一位美食生活體驗愛好者，很喜歡到各地走走，也很愛深度地體驗生活。至於到一個陌生地方，該如何快速認識當地的民情呢？我相信就是從「吃」著手，民以食為天！或許你會很好奇，營養師也會將感覺似高油高糖的台灣小吃吃下肚嗎？真的可以推薦嗎？其實我認為，所有的食物都不該被貼上標籤，每種食物都有它的營養價值以及傳承的意義，不僅反映當地的文化傳統，我們也是被這樣滋養長大的，記憶中的味道就是該好好地被保存。

　　一次因緣際會之下，參加了 Leslie 老師的油性色鉛筆咖啡插畫工作坊，進而認識了這位做什麼事情都很專注，有自己的堅持且觀察細微的插畫家。在她的工作室裡，放滿著各種食物及花卉植物作品，不僅栩栩如生，在她的描繪之下，各個作品更充滿了蓬勃生氣！我很好奇地問她，為什麼都是畫植物跟食物相關的創作呢？她說，因為熱愛飲食、旅遊及大自然，她的創作就是來自生活。也曾旅居歐洲替許多餐廳繪製食譜菜單，想要把記憶中的味道，由味覺體驗延伸到視覺感官，好好地記錄跟分享這份美味的感動。

當我知道 Leslie 花了 2、3 年的心血，描繪台灣超過 100 種在地的小吃，看完真的是非常驚豔，因此一定要來幫她寫推薦序！這本書不僅有很細膩的手繪食物，還有她的文字旅遊心得，將由北到南，再到東部各縣市的台灣在地美食，用色鉛筆畫出最有代表性的食物。書中也貼心的標出各小吃的地址和營業時間，讓讀者可以跟隨她的腳步去尋覓探索，一起好好環島體驗台灣的飲食文化吧！

晨光健康營養專科諮詢中心　營養師

趙函穎

自序

2015 年的春天，離家一萬一千公里，我在葡萄牙里斯本的某個廣場咖啡座旁，孤身一人拖著行李、背著畫具，身上最輕便的是口袋裡的錢包。仗著年少不更事，毫無恥度地併起兩張咖啡桌，攤開一大張牛皮紙，在紙上畫出剛剛才吃下肚在地人推薦的地方美食。

2013 年到美國求學。研究所主修的是環境平面設計，於是我將自己對飲食的愛好融入碩士論文研究主題。當時的課程設計著重理論與實踐並行，於是教授安排我加入設址在玻利維亞拉巴斯的一間非營利組織 Melting Pot Bolivia 擔任志工，協助餐廳營運的各項視覺設計所需，也藉此活化地方相關產業。志工任期結束後我得以繼續留在玻利維亞 Melting Pot Bolivia 的餐飲集團工作實習，到旗下的 Gustu 餐廳擔任視覺及美術設計的職務。當時的工作經歷影響我至今，飲食成為了我不可或缺的創作養分之外，亦埋下日後成立設計公司以服務餐飲產業視覺所需的種子。

在 Gustu 實習期間，每天跟著主廚到處學習辨識當地 300 多種馬鈴薯，或是羊駝肉的料理呈現方式；吃遍了當地的各種小吃，就是為了能準確地描繪出當地物產及食材以至於餐食的面貌，將之應用在餐廳內或是地方創生的各樣載體上。我像是個新生兒般用味覺摸索著這個異鄉所帶來的種種刺激與驚喜，以繪畫來延伸、傳遞飲食的印象與文化內涵的想法開始在我心中萌芽。

結束實習工作後，以飲食文化為主題，為了畢業製作課的作品再次離家開始歐洲壯遊。第一站來到葡萄牙，從街邊小食開始，隨處可見的點心販賣亭子、烘焙坊、咖啡廳、小餐館、酒吧……，每一樣我都想嘗試看看。無奈初來乍到語言不通，各樣食物種類繁多或是看似相似。以咖啡來說，光是水的比例不同就有著不同的名字。當時對葡萄牙飲食只知有葡式蛋塔的我，迫切需要在地人的指引。

於是我報名參加了一場里斯本的藝術交流活動。我先準備好從台灣帶過來的零食當茶點，到現場設攤「奉茶」，藉此與來參觀的當地人互動，請他們推薦心目中在地的美食，並留言記錄在我事先畫好、掛在一旁的空白葡萄牙地圖中。後來的旅程都如法炮製，就此蒐集了許多口袋名單。我依循著這些資料造訪店家，品嚐後繪製在一幅全開的牛皮紙上，兩個月後，這些經驗逐漸構成了一幅葡萄牙美食地圖。這地圖不僅僅是一張畫、一件藝術創作，其每一筆、每一劃對我來說都是一張張餐桌連結到一次次與人的交流、故事與記憶。

　　在繪製這系列「巷仔口的美食家」作品的旅途中，常常會產生一種有趣的交流，比如說吃到好吃的葡式蛋塔時，心中會開始回想小時候在台灣吃到的蛋塔是怎樣的風味。交流中當地的店家或朋友有時也挺好奇到底台灣味是如何。於是我決定畫一幅台灣美食地圖在後續的展覽中同步展出作為對照。或許是想家了吧？憑著思念列舉記憶中的台灣美食，用了一週的時間完成充滿台灣夜市美食的地圖。但展出時，觀展的民眾問起圖上食物的細節，我竟答不上來。從小在台北長大，除了過年跟著媽媽回台南老家外，世界對我來說就是住家、巷口、公車、學校。台灣各地小吃有什麼不同？各區有何特色飲食？有哪些不同文化？客家菜、原住民料理有哪些？這時才深刻察覺自己對生長的土地還有文化的認識竟是如此淺薄。去美國讀書，南美洲實習，在歐洲、亞洲旅行、工作，盡情地體驗各地的飲食文化，而自己成長生活近 30 年的台灣，除去台北以外，去過的縣市竟沒幾個。

　　2020 年疫情中斷了海外旅行，我開始在台灣認真地走向戶外、往山上走，往外縣市、外島探尋，加上四散各地的朋友們回鄉居住，才發現大夥的老家幾乎散布全台。透過在地朋友的帶領、引路，拜訪了以往沒有機會去到的縣市，「玩食台灣」的想法在腦中逐漸成形，我要用我的味覺、我的畫來訴說這片土地，我家鄉的故事。用這本書記錄這兩年多我在台灣深入各縣市的美食環島計畫探險。

呷飽沒？
台灣美食獨具風格

在地人帶路：
尋訪巷口台灣味

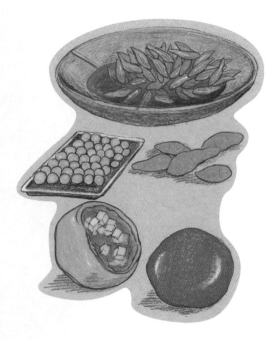

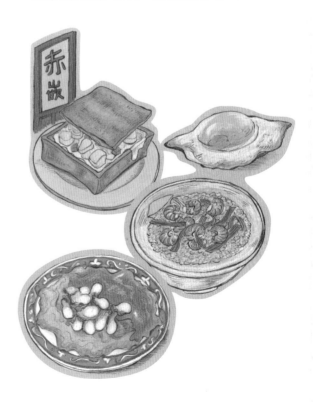

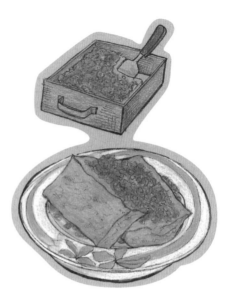

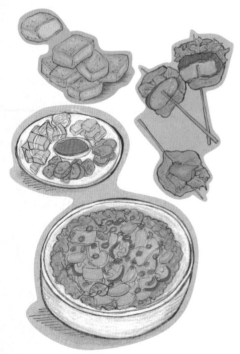

呷飽沒？

台灣美食獨具風格

台語常用「呷飽沒」來做日常問候，不管在什麼場合，好像都可以「你吃飽了嗎？」這樣的人情關懷來代替「你好！」的招呼，「食」早已成了我們的共同語言。

　　也因此，要形塑出一個地方的飲食文化樣貌，就不能僅止於探究大眾所堆疊出的集體印象，還應該包含每個人對家鄉風土、在地食物的記憶，以及當代的各種飲食習慣；而不同地區的人，對此更有著截然不同的印象，例如「蔴薏」這項小吃對很多人來說，也許相當陌生，甚至不曉得是一種食物，但對某些台中人而言，就是無法取代的味道；可見就連口味跟喜好，都可能有著地方性的差異。

　　所以，在進一步探究何謂台灣飲食文化前，我先嘗試以個人的觀點，比較以往在海外旅遊觀察的經驗，梳理我心中的「台灣飲食文化特性」。

① 多元文化，美食聯合國

　　從西班牙、荷蘭統治時期、明鄭清領時期、日治時代，再到國民政府來台、美援西化、全球化……，台灣歷經多次政權轉移及文化衝擊，種種因素都影響了島上人民生活的日常風景。這些時代洪流反應在台灣的風土民情和物產上，不但見證台灣飲食文化的變遷，更成就了現在獨特而多元的豐富樣貌：中式、日式、西式、客家、原住民、新住民等多樣文化相互融合，造就台灣各地多樣、多變的特色美食。

酥皮濃湯

鐵板牛排

這些不同文化帶來台灣的有：原住民耕種、狩獵的傳統食物（如野菜、醃肉、小米酒、小米粽）；明鄭清領時期泉州、璋洲人帶來的閩、粵、客家飲食文化（如蚵仔煎、福州魚丸、米苔目）；日治時期帶來的日式料理技法（如鐵板燒、天婦羅、壽司），且後來因明治維新的西化政策，讓台灣有了日式西餐的足跡（如從日治時期便開始營業至今的「波麗露西餐廳」）；國民政府來台接收大批移入的「外省人」而帶入各地家鄉菜，例如老兵眷村菜、中國八大菜系餐館（川、湘、粵、閩、蘇、浙、徽、魯）；後來因應五十、六十年代的美援外交，進一步加入了麵食、西餐文化，漸漸成就台式西餐的樣貌（如各式西點麵包、台式西餐牛排）；到近年新住民移工帶來的東南亞飲食（如中和區緬甸街、桃園雲南米干、越南、印尼、泰式料理）等，多不勝數。

綜合壽司

蛋皮壽司

豆皮壽司

茶碗蒸

味噌湯

② 豐富食材，山海恩賜

　　台灣地貌豐富，不但有高山、平原且四面環海，加上位於亞熱帶地區，氣候條件佳，還有深水港建設，利於進出口與水產養殖，之後更有農產品改良技術的發展，使台灣有著許多豐富新鮮的食材可供選擇，從山珍到海味，應有盡有。

　　舉例來說，水裡有屏東的蝦、龍膽石斑、台南的蚵仔、澎湖的小卷、馬祖淡菜、淡水魚、鹹水魚、烏魚子等各式漁貨；陸地則有後龍黑羽雞、雲林快樂豬、台東稻米、大甲芋頭、五股綠竹筍、宜蘭三星蔥、西螺蒜頭等多元食材。還有種類豐富、鮮甜多汁的水果，如拉拉山水蜜桃、台東釋迦、台南關廟金鑽鳳梨、花蓮鳳林西瓜、嘉義林木瓜、高雄燕巢芭樂等，就連飲品也有雲林古坑咖啡，和坪林、南投的茶葉等。

　　這些豐富的食材優勢，使得台灣的飲食變化多樣，一間百元熱炒店就得以讓自己在一頓飯中吃到各類新鮮食材，包含雞、豬、魚、海鮮、蔬菜等多樣料理。

❸ 產業繁盛，外食超方便

台灣的飲食特色之一就是幾乎無時無刻、隨時都可以取得美味熱食的便利性。在這裡，不論多晚都有宵夜可吃、有夜市可逛，或再怎麼樣都有 24 小時營業的便利超商可覓食。出國後才發現很多國家入夜後店鋪幾乎都是打烊的，像是在京都，百貨公司 7、8 點便拉下鐵門、丹麥哥本哈根的店家更是在 4、5 點後幾乎盡數休息……，不像台灣有如此多的外食宵夜任君選擇。相對的，這樣的便利性似乎使得台灣人外食的比例較密集且頻繁。

記得學生時期因著家中大人要工作，沒時間下廚做飯，所以我的早餐都是在「美而美」解決的，放學之後不是留校晚自習就是到補習班報到，這樣的生活直到大學亦是如此，幾乎都仰賴便利的外食，而鮮少在家中用餐，更別說自己下廚了，方便多樣的外食，或許可以說在某種程度上，稍稍彌補了工商社會的無奈。

說到早餐店，絕對是台灣便利飲食特色的最佳範例。即使在首爾、東京這樣的大城市，也很難找到像台灣這般豐富的早餐選擇，我才意識到，飲食的便利性不僅在高密度的便利商店裡，就連早餐店亦是如此。

　　無論是早餐還是宵夜，都可交由從夜間營業至清晨的豆漿店（如大台北永和豆漿大王），不僅可讓人在大半夜吃到熱騰騰的鹹甜豆漿、米漿、燒餅油條、蛋餅、蘿蔔糕、各式糯米飯糰外，還有包子饅頭、煎餃、韭菜盒等多樣選擇，哪怕是天還沒亮就得起床工作的人也可有早點吃。

　　另外還有許多晚上才開的宵夜，像是台北就有粥小菜、劉媽媽涼麵、西門町一帶的程味珍意麵、阿財虱目魚肚等，隨時都能滿足、填飽饑餓的肚腹。這也是現代繁忙社會的一種小確幸啊！

　　提到「劉媽媽涼麵」，就會想起以前在松菸展覽工作結束時總是接近午夜，便順道至附近的劉媽媽涼麵報到。點一盤芝麻涼麵加辣、一個半熟荷包蛋和一碗加了貢丸、蛋花的味噌綜合湯，室內座位區宛如正坐在菜市場內部吃飯般人聲鼎沸，白色的磁磚就是桌子。即使半夜也經常坐滿了人，常需與他人併桌才可求得一位。

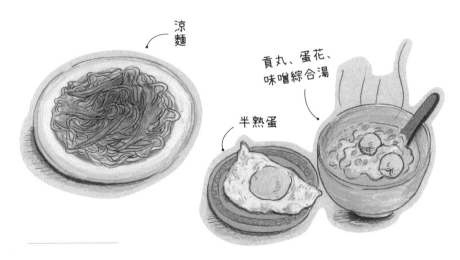

涼麵

貢丸、蛋花、味噌綜合湯

半熟蛋

INFO／劉媽媽涼麵
地址／台北市松山區市民大道五段 37 號
營業時間／週二到週日 21:30-05:00；週一公休

阿財虱目魚肚

魚魯肉飯　　　煙肉飯　　　蝦仁炒飯　　　魚肚湯　　　蚵仔湯　　　煎蔥蛋　　　煎魚肚　　　魯魚頭　　　三杯蛤　　　蚵仔酥

④ 平價多樣，銅板美食多

除了各式各樣的在地美食、小吃，與他國城市相比，台灣飲食特色最令我珍惜的是平實的價格，常常幾個銅板便可飽餐一頓，例如新台幣五十元在美國或許只能買到一個甜甜圈，在台灣卻可以買到一碗魯肉飯、一碗米苔目、一包地瓜球、一份炸雞排，甚至是一個便當等。除了小吃之外，也可以用實惠的價格買到正餐，例如到自助餐店挑選喜歡的主菜、配菜，有些店家還提供無限續碗的飯、湯、飲料。

對沒有時間下廚的上班族、學生來說，中餐、晚餐有各種便當選擇，常見的便當不僅包含主菜，有時還有三菜一湯。便當一詞源於日語的「弁当」，於日治時期傳入台灣後，漸漸轉變成台灣便當獨有的樣貌。舉例來說，「台鐵便當」是台灣鐵路管理局於車站或列車內販售之鐵路便當，不同於一般日式的冷食壽司、飯糰弁当，台鐵便當多以熱食主菜加上配菜、米飯，常見的有「台鐵排骨便當」。後來，便利商店為搶占外食族的用餐市場，也開始推出各種微波加熱即可食用的飯盒、便當。

「俗擱大碗」似乎成為台灣人對於平價、實惠的飲食標準，這樣的思維也讓許多業者開始推出「吃到飽」的餐飲型態。雖然這種標榜 all you can eat 的餐飲型態不是台灣獨有，但不可否認此經營型態曾經風靡一時，各種燒烤吃到飽、火鍋吃到飽，甚至有些 KTV、Pizza 店、牛排館都會設立歡樂吧，在固定的金額內隨個人食量無限取用，「吃到飽」或許也是台灣飲食中獨特的一種文化。

⑤ 獨特夜市風景，有吃又有玩

　　夜市絕對是一個好去處，在這裡你可以找到各式各樣的小吃，像是地瓜球、鹹酥雞、鹽水雞、滷味、炭烤、東山鴨頭、車輪餅、果汁飲料、豆花冰品……等應有盡有。地區不同，夜市特色也不大相同，像是士林夜市有著名的士林大香腸、大餅包小餅、藥燉排骨；饒河夜市則是胡椒餅、生燙魷魚；基隆廟口夜市的奶油螃蟹、天婦羅、蝦仁羹、炭烤三明治……，這些不同的美食，使得每個夜市各自有其不同的樂趣所在。

豆花

車輪餅

鹹酥雞

關東煮

　　幾乎遍布全台的夜市，大概是台灣最具特色的庶民飲食聚集地，不但是觀光客必造訪的景點之一，更是夜晚人群聚集覓食的地方。夜市的形成是因廟會時會在廟埕前搭戲台表演，聚集許多前來看戲的群眾，周遭因此開始聚集臨時攤販，賣起方便邊看戲又可以邊走邊吃的小吃；原是臨時的攤販，久而久之聚集越來越多，慢慢變成固定攤商，形成街區和獨特的夜市風貌。除了廟宇，校園周邊也因學生聚集而形成美食街區，如師大夜市、台中逢甲商圈、一中街等等。南部也常看得到流動型夜市，例如台南的花園夜市、大東夜市等。這些夜市並非每天都有，而是採週間輪替營業；是台灣夜市的另一種特殊型態。

　　到了現代，或許廟埕前的戲台已不及小吃般吸引人了，來夜市的人們除了享受多樣的小吃之外，亦可以玩些小遊戲，如彈珠台、套圈圈、射氣球、撈金魚、夾娃娃機；除此之外，還有用「西巴拉」換烤香腸的有趣互動……，都是熱鬧夜生活的娛樂之一。夜市帶來的娛樂成分或許延續了以往因看戲而聚集的目的，迄今更變得多元有變化。

⑥ 同桌共享，感情較袂散

　　相較於歐美國家，華人的飲食文化中有「合菜分食」的習慣，即一家團聚的時候共享同桌的菜餚美食。這習慣或許源自農業時期的大家庭結構，儘管如今家庭組成型態已有相當大的改變，但分食文化仍留存在以華人為主的許多台灣料理中，像是薑母鴨、麻辣火鍋、酸菜白肉鍋等各式鍋物，因為備料的緣故，多人共享比單人進食來得合適許多；又像是在熱炒店、或者是在不同節慶、場合的宴席菜、酒家菜，多人分食則較可有多樣的菜色變化。而除夕的年夜飯圍爐，則主要代表著共聚團圓的傳統，也是經過長期歷史傳承至今。

　　這樣的分食習慣及用筷子夾取食用的飲食方式，對於西方人來說有時不免難以適應。想起我在美國求學時的有趣事情，年夜飯與一群同學在宿舍吃火鍋，特邀羅馬尼亞的室友一同共餐，大家圍著鍋用筷子涮肉吃，整頓飯結束後，羅馬尼亞室友告訴我，她很意外台灣人的食量很小，原來她覺得每個人都是吃幾口菜與肉便飽足，而且因為沒有將餐食分配好，放在每個人各自的餐盤上，使她自己也不好意思夾取太多。相較於西方分盤的飲食方式，我們的分食方式的確有其特殊性。

⑦ 靈活創新，吹起世界潮流

　　台灣產茶，人們愛喝茶形成一種茶飲文化。除了傳統茶，也因為氣候炎熱，加上求新求變的態度，形成手搖飲、珍珠奶茶店滿街林立的獨特景象。很多國家都產茶，但唯有台灣將茶飲延伸成泡沫紅茶店，再進化至現代手搖飲，甚至拓展到世界各地，吹起一股潮流。

　　各式手搖飲街邊店林立，百花齊放，「珍珠奶茶」已成為台灣最具代表性的手搖飲品代名詞，多年來，已流行至東亞、歐洲、美國，甚至中東等地方，茶飲界的外交官可說非珍珠奶茶莫屬了。記得住在倫敦時，曾在街上看到台灣的連鎖手搖飲店，心中思鄉情愁油然而生，於是不惜點上一杯比台灣物價貴上好幾倍的珍珠奶茶。當拿著粗吸管戳開塑膠封膜的剎那，瞬間有種回到台灣的感動。一杯好喝的珍珠奶茶也有其必要元素：珍珠（粉圓）、糖、奶，還有茶。每一杯的冰塊、甜度、加料甚至都能依照個人喜好來做調配的客製化服務。

　　要成就出一杯快速即食性的手搖飲，首先必須有產業上的支援，如手搖飲機、封膜機（這也是來自台灣人的創新發明）。而新產品推出後，接著則是要看市場的接受度，之後的發展也反應出台灣人樂於接納新想法、新事物的求新求變之包容性，進而衍生出人手一杯，邊走邊喝的獨特風景。

　　珍珠奶茶是手搖茶飲的始祖，它不只在外觀營造出多層次的視覺美感，把珍珠加入香醇的奶茶當中，讓你我在享用飲料的同時，又感受到咬粉圓的 Q 彈嚼勁，連在味覺體驗上也是一種多元享受；與其說是喝茶，不如說是喝的甜品。

手 搖 飲 客 制 化

・糖
店家有其各自的獨家調味配方，甜度都可以客製調配：少糖、半糖、微糖、無糖。

・奶
奶香源自奶精或鮮奶。雪克杯能將冰塊、奶、茶湯均勻混合，搖出細滑白色細緻泡沫。

・冰
冰塊的多寡還可以依照個人喜好客製化少冰、去冰等選項。

・茶
茶飲好喝的重要關鍵就是茶。手搖店有多種茶葉可供選擇，紅茶、綠茶、烏龍茶、青茶等，每一批茶葉都有其不同的特質，讓風味千變萬化。

・加料
除了用蔗糖、黑糖熬煮的粉圓，還有各式配料可供加料選擇，如大波霸、小珍珠、芋圓、西米露、椰果、蒟蒻、蘆薈、布丁、仙草等，甚至還可融入各式水果。

⑧ 記憶傳承，味道代相依

　　每個人對於食物的印象往往與當時所處的情景、共食的人、心情等形成對飲食的記憶。一段美味的記憶或許不僅在於食物本身，更是綜合時空與場景的個人主觀體會。

　　柑仔店就是古早年代的記憶，是台灣傳統的雜貨店，賣所謂的雜貨，像是米酒、罐頭、零嘴及日用米麵條油鹽等。玻璃酒瓶閩南語就稱為柑仔，據說以前的婆婆媽媽買調味料時，都是自己提著玻璃瓶去店裡裝，所以雜貨店才叫柑仔店。媽媽說自己小時候只要一有零錢便會去買一顆一顆的糖柑仔（裹著糖粉的彩色糖果球）、兩條一塊錢的果汁條、盒裝裹沾著粉的綠豆糕，牙籤上還有綠、紅標可以玩抽獎再來一個。而我小時也喜歡到巷口的柑仔店買無花果乾、飛壘口香糖、跳跳糖等零嘴。這些東西現在看起來可能平凡無奇，但在以前那個物資較缺乏的年代，卻是我記憶中最高級的美味。

　　同樣的道理，當一個地區的人們對於某個食物、年代有著共同的記憶，就漸漸累積成為集體意識的美味認同。小吃的口味也是如此。舉例來說，台中的大麵羹對台北人的我來說，吃起來有些一頭霧水，不懂得其美味何在，卻是台中朋友從小記憶中的美好。另一個飲食記憶的例子是關於地方性的口味，例如在南部某些地方，吃肉燥飯一定要撒上白胡椒呢！

當我們一一解析食物風貌，就會發現每一種特性其實都是互相交會融合並環環相扣，無法完全切割，目前所看到的台灣飲食文化風貌，正是這些特性的總合。

舉火鍋為例，就可以一次找到這八種特性，文化多元性形成了各種風味的鍋物選擇（如四川麻辣火鍋、日式涮涮鍋、酸菜白肉鍋、石頭火鍋等不同作法）；而火鍋裡所使用的各式火鍋料則表現出了食材的豐富性。

另外火鍋不僅可以在家自行烹煮，還有許多店家內用選擇，可見台灣的外食便利；原應該是分食共享的火鍋圍爐，為了因應各種小資族的需求出現個人鍋的設計，形成在夜市也能吃到小火鍋（如三媽臭臭鍋），反應了平價多樣及娛樂性……這些變遷與改變都將原本記憶傳承的傳統飲食，以創新求變方式延伸出新型態飲食方式，造就台灣街頭每走三至五步就出現一間火鍋店的獨特景象。

酸菜
白肉鍋

蒸餃

煎餃

在地人帶路…

尋訪巷口台灣味

所謂台灣味，即每個城市都有其特色口味、食材、物產，從北到南反應各地風土、人文、歷史，再延伸到日常生活。之前因疫情無法出國，反而使我有機會深入走進台灣。就像最初在歐洲背包旅行般，再度拾起畫筆與牛皮紙踏上未知的旅程，我自己的「玩食台灣計畫」，也就是這樣開始了。藉由旅行讓自己了解不同的地方飲食文化，重新認識自己的家鄉。

　　開始「走」了之後，才認知到自己對台灣的了解太淺顯了，籌備這本書前我是一名不折不扣的台北俗，好多城市、鄉鎮、山，甚至地名都沒聽過，深感台灣真的好大啊。玩食台灣計畫在採集資料初期，因著我對許多縣市不熟悉，想要短時間內萃取精華實屬不可能，於是向在地朋友、網路社群徵詢大家的意見，熱情網友的推薦如雪片般飛來，也因此蒐集到不少在地人才知道的美食口袋名單。

　　藉由實際拜訪，以不同縣市為基礎，再取「在地人帶路」為主軸串連成點狀式環島旅程，超過兩年才慢慢走完「玩食台灣計畫」。環島是一個概念，目的是盡可能花時間認識這片土地，把自己放在外地人的視角，體會不同的生活。有些地方去了好幾回，待了好一陣子，感動卻不多，有些只停留了幾天就回味無窮；有些地方是自己一個人去，有些是跟家人朋友同行，

有些則是在旅途路上與認識的新朋友一起冒險，每一段的旅伴都造就我旅程中獨特的感受與記憶。

當我詢問在地人口袋名單時，一位廚師跟我分享這樣一段話：「每個人心中的美味，或許就是在『吃』時的記憶。」時間久了，一些記憶可能漸漸淡去，但只要吃到相同的味道，便會喚起回憶，回想起最初的印象。也因此，這本書所收錄的美食口袋名單，除了彙整各處在地人的推薦外，還包括實地到現場品嘗過後的感動；除了個人主觀的飲食記憶，也藉由小吃觀察這些飲食所堆疊出來的台灣味樣貌及地方差異。

從小吃食記出發，連結到地方物產，再結合自身的旅遊、飲食經驗，用畫筆將之一一記錄下來。希望藉此環島計畫漸漸深入、發掘各地最不一樣的台灣味。

 大台北

　　台北大概是我花最多時間思考該如何統整飲食資料的城市。台北
為首都，匯集各地北漂的人流，幾乎什麼小吃在這都找得到。自己從
小在台北長大，到大學畢業都在此地念書，因此在這有太多自己成長
的足跡，口味喜好常是隨著家人而變化，日常生活中熟悉的味道也大
多為住家附近的小吃。

　　幼時住在民生社區，還記得國小時，媽媽因開店工作繁忙，沒有太多時間下廚，我跟妹妹常到附近的自助餐店、便當店和小吃店解決晚餐，最常光顧的大概就是巷口轉角的那間麵店，我其實根本沒注意過它的店名，但店裡賣的所有品項我閉著眼都能想起來，不外乎就是黑白切、乾麵、湯麵、餛飩湯、肉羹湯、肉圓、魯肉飯等等。店家叔叔阿姨也都認得我，總會特別關照站在店門口卻永遠不知道什麼時候可以開口點餐的我：「妹妹，今天要吃什麼？」我最常點的大概就是霸丸（肉圓）了，甜甜的醬料搭配 QQ 的口感非常對味，總覺得百吃不膩。

　　大學畢業後搬到淡水，也曾短暫住在板橋，現居新店。隨著生活圈的改變，觸角逐漸延伸到新北市，日常的飲食記憶版圖也跟著擴張。

　　以前不懂這些日常小吃的特別之處，長大離鄉背井才驚覺自己甚為想念這些沒有名字的店家、以及日常生活中的味道。但也因為個人飲食記憶與喜好十分主觀，所以幾年前每當有外國友人來訪，我總會想若要帶他們去吃飯，什麼樣的飲食較能代表台灣的文化呢？

　　這個章節我主要針對大台北地區（台北、新北），選了幾樣常見的小吃種類，並分享一些個人和在地朋友一致推薦的店家，最後再標示出不同地區的美食路線。

滷肉飯
Braised Pork Rice

　　滷肉飯是我從小吃到大的，在國外求學期間，讓我心心念念嘴饞到忍不住自己下廚料理的就是「滷肉飯」。滷上一鍋濃香肥糯的肉臊汁澆飯加上魯蛋，不但一次可以吃上好幾天，還得以一解鄉愁。滷肉飯大概可說是台灣的國飯，從小吃攤到五星級酒店，甚至國宴上都可以看到它的身影。

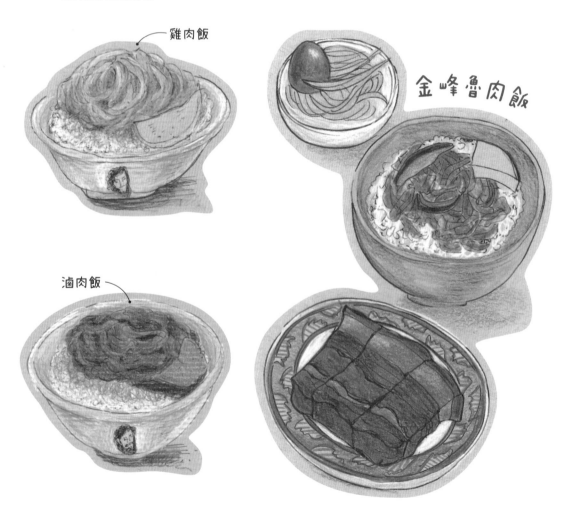

雞肉飯

滷肉飯

金峰魯肉飯

丸林魯肉飯

滷肉飯的口味、名稱南北各異。這種取豬肉切絞成碎末，再以醬油為基底的滷汁燉煮後，澆淋在白飯上的小吃，在北部、中部稱為滷肉飯（或同音的「魯肉飯」），大多是用刀切碎帶皮的肥肉後再去滷；在南部則稱作肉臊飯，通常是用機器絞碎肥瘦兼具的豬肉後滷。滷肉飯在南部通常指的是大塊的滷三層肉（五花肉），而北部稱此為爌（焢）肉飯。不同地區也有不同的味道及做法，例如南部的滷肉飯少不了白胡椒。每個人心中也都有自己覺得最為好吃的滷肉飯，其中大台北有好幾家老字號，如金峰魯肉飯、丸林魯肉飯、大稻埕魯肉飯、三重今大魯肉飯等，常常座無虛席，還有小時候常吃的連鎖鬍鬚張魯肉飯。一般滷肉飯還會附上醃醬瓜、醃蘿蔔等醃漬物，以解油膩的口感。

INFO ／金峰魯肉飯
地址／台北市中正區羅斯福路一段 10 號
營業時間／星期二到星期日 11:00-01:00；週一公休
INFO ／丸林魯肉飯
地址／台北市中山區民族東路 32 號
營業時間／每日 10:30-21:00
INFO ／大稻埕魯肉飯
地址／台北市大同區長安西路 220 巷 17 號
營業時間／每日 11:30-19:50
INFO ／今大魯肉飯
地址／新北市三重區大仁街 40 號
營業時間／星期五到星期三 06:30-21:00；週四公休

牛肉麵
Beef Noodles

　　牛肉麵是台灣的國民美食之一。牛肉麵的組成除了要有好吃的牛肉和麵條外，湯頭更可以說是牛肉麵的精華所在，常見的湯頭可分為清燉或紅燒，搭配上燉好的牛腩及牛筋。

　　據傳台灣的紅燒牛肉麵是眷村老兵的發明，從小攤到老店，各門派莫不潛心專研「牛肉麵學」，甚至舉辦比賽。牛肉麵儼然已成台灣之光，各店費盡心思追求極致美味，所以各地牛肉麵店也都有著不同的風味。有一陣子住在板橋，常吃附近的「大庭牛肉麵」，它們的紅燒牛肉麵湯頭含些許中藥的香味，麵條粗細可以自行選擇。我個人推薦較粗且有麵香嚼勁的手工家常麵條。

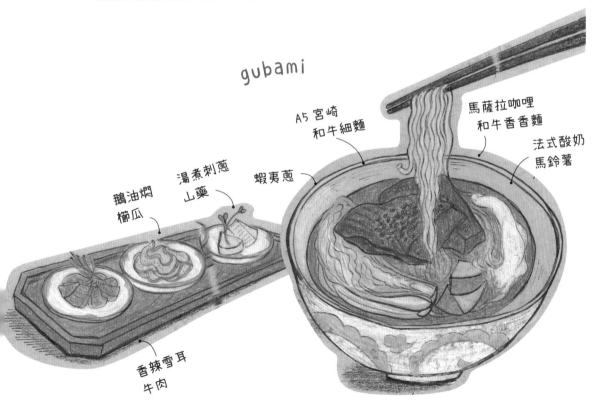

gubami

A5 宮崎
和牛細麵

馬薩拉咖哩
和牛香香麵

法式酸奶
馬鈴薯

蝦夷蔥

湯煮刺蔥
山藥

鵝油燜
櫛瓜

香辣雪耳
牛肉

常跟家人去吃的是台北濟南路上的「七十二牛肉麵」，店門有著整齊排列的牛大骨，店名取自老闆用牛大骨熬上七十二小時燉煮完成的清燉湯頭。呈現乳白顏色湯頭的清燉牛肉麵便是其招牌，白色大骨牛肉湯可以自行加入喜馬拉雅山玫瑰鹽調味，湯喝起來十分清爽，而牛肉入喉即化的口感，使整碗牛肉麵令人回味無窮。另外加了牛骨髓、辣牛油及酸菜的紅燒牛肉麵，湯頭較濃郁；除了牛肉麵，我還非常喜歡這裡的炒滷味，有蒜苗、豬耳朵、豆干，滷過之後切成細薄片，加上一些特製的蒜頭辣椒，微辣煸炒入味，酥香焦脆，連平時不太吃豆干的我也一口接一口。

　　除了傳統口味的牛肉麵，也有一些店家發揮不一樣的創意，像是台中的「gubami」，就是以牛肉麵為主軸，將餐點加入多國口味變化，創立新型態的牛肉麵吃法。

超入味炒滷味

紅燒牛肉麵

玫瑰鹽

清燉牛肉麵

INFO ／大庭牛肉麵
地址／新北市板橋區國光路 39 號
營業時間／每日 17:00-00:00
INFO ／七十二牛肉麵
地址／台北市中正區濟南路二段 71 號
營業時間／週二到週日 11:30-14:30，
17:00-20:30；週一公休

INFO ／ gubami Social
地址／台北市信義區松壽路 9 號新光三越
　　　（信義新天地 A9）6 樓
營業時間／每日 12:00-15:00, 18:00-22:00

小籠包
Soup Dumpling

在台灣說到小籠包，第一拍就會想到「鼎泰豐」，它絕對是觀光客來台必吃的小籠包名店，且已成為國際品牌，進駐各大百貨內。倘若自己平時想吃小籠包又不想到百貨公司人擠人，亦可選擇其他地方老店，如中正紀念堂附近的「杭州小籠湯包」、永康街商圈的「好公道金雞園」，點一籠蟹黃小籠包、絲瓜小籠包，再配個油豆腐湯就很飽足。

小籠包是源自江南地區的著名點心，以傳統肉餡小籠湯包來說，湯汁是靈魂，為了追求皮薄透亮的口感，許多師傅會在塗抹麵粉後，以擀麵棍壓出薄如紙的麵皮，如此一來，蒸出的小籠包就會顯得粉潤透亮。傳統小籠包的褶皺在十四個以上，而更為考究如「鼎泰豐」則會做出十八折以上。

小籠包的正確吃法是輕提、慢移、用湯匙接著，先在皮上開個小洞再吸湯，最後吃皮，如此方能嘗到最美味的小籠包；佐料多為醋加嫩薑絲。每次夾起小籠包時總要小心翼翼、深怕把皮弄破了流掉裡頭最精華的湯汁。

INFO ／鼎泰豐新生店
地址／台北市中正區信義路二段 277 號
營業時間／週一到週五 11:00-20:30、週六到週日 10:00-20:30

INFO ／杭州小籠湯包
地址／台北市大安區杭州南路二段 19 號
營業時間／每日 11:00-14:30, 16:30-21:00

INFO ／好公道金雞園
地址／台北市大安區永康街 28-1 號
營業時間／週四到週二 09:00-21:00；
週三公休

割包
Steamed Sandwich

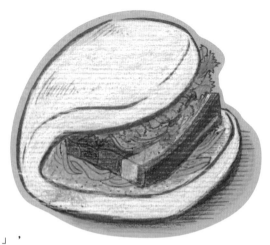

　　割包有台式漢堡之稱，用蒸過的麵皮夾著滷肉而成，因外型像老虎銜著肉，原名稱也有「虎咬豬」的說法。割包原叫刈（ㄧˋ）包，刈是割開的意思，閩南語發音為「掛」，因為其麵皮原先並非直接上下分離的形式，而是要將包仔從中間割開一半才能夾入餡料，後來才演變成直接分開的形狀。

　　割包的外皮是用蒸的，內餡的滷三層肉通常肥瘦參半，加入酸菜則可解油膩，無糖花生粉除了可提香之外還可吸收魯汁，最後加入香菜使組合完整。花生粉加香菜是台灣小吃中很常見的風味組合，同時也能依照個人喜好做調整，像是公館的「藍家割包」，就可客製化、調整肉的肥瘦比例，如肥、瘦、綜合、綜合偏瘦、綜合偏肥等五種組合供你選擇，因此即使是外國人也能輕鬆嘗試。

　　幾年前在英國街頭看到台灣割包熱賣，後來葡萄牙也開始有了新型態的割包店，如 BAO's。除了有一般的口味，還多了許多變化創意口味的選擇。說起來挺巧的，在某因緣際會下， BAO's 委託我繪製位於葡萄牙店內的菜單及主視覺。沒想到台灣的小吃到了異國能有這麼高的接受度高，還能有其他的風貌；割包被稱作台式漢堡（Taiwanese Burger）的確挺適合。

INFO ／藍家割包
地址／台北市中正區羅斯福路三段 316 巷 8 弄 3 號
營業時間／星期二到星期日 11:00-23:00；週一公休

胡椒餅
Pepper Cakes

　　學生時期特別喜歡買剛出爐、熱呼呼的胡椒餅。沿著鍋邊烘烤的餅皮格外酥香焦脆，上頭灑滿白芝麻，每口咬下都要有舌頭被燙傷的心理準備。我通常會先咬開一小塊，讓它散熱、同時也讓麵皮吸取醬汁，再慢慢咀嚼裡頭的蔥肉餡。胡椒餅內餡有肥、瘦的豬肉、蔥花、大量胡椒粉，及店家特有的香料祕方。製作方式是以麵團包餡捏成包子形狀，外餅皮刷上糖水後再撒上芝麻，接著可是一個重要的步驟，就是將一個個揉好的麵團，快速黏在大型圓柱鐵桶內側，底部早已燒熱柴火，蓋上桶蓋，烘烤而熟。

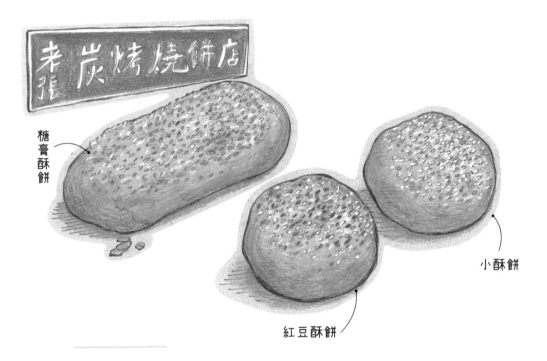

糖膏酥餅

小酥餅

紅豆酥餅

INFO ／南港老張炭烤燒餅店
地址／台北市南港區忠孝東路七段 602 號
營業時間／星期二到星期日 11:30-20:00；週一公休

推薦「南港老張炭烤燒餅店」的胡椒餅，還有小酥餅、紅豆酥餅、糖膏酥餅也相當好吃呢。

　　這樣的製作方式與福建光餅類似，福建沿海自唐朝以來開放海口與當時的阿拉伯通商，伊斯蘭教遂在此散布開來，帶來中亞常見的貼鍋烤餅烘焙法，成為胡椒餅的前身。這種製作方式傳說源自中東的「饢」，就是將麵團黏在鍋邊烤成的餅。隨著國民政府來台，包著豬肉餡的胡椒餅被福州移民引進台灣，據傳胡椒餅的名稱是誤傳，原稱作「福州餅」，但閩南語發音類似胡椒餅，恰好肉餡內有「胡椒」入餡，因此「胡椒餅」這個名稱就在台灣流傳至今。

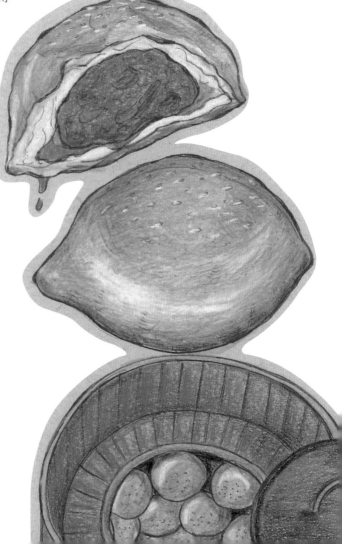

藥燉排骨
Ribs Stewed in Medicinal Herbs

每年入秋轉涼時就會特別想喝熱湯，尤其是中藥湯頭的藥燉排骨。深色的湯頭除了香味迷人，還有溫補的功效；記得每次去士林夜市、饒河街夜市總會被這股香味給吸引。藥燉排骨的作法有點類似新加坡的肉骨茶，取豬肋骨瘦肉塊熬煮，分碗出售，只是使用的香料大不相同。

海友十全排骨

位於士林夜市內的「海友十全排骨」，至今已有將近五十年歷史。店前櫃檯總擺著一排中型陶甕盛裝著冒煙的熱湯，湯頭使用紅棗、黑棗、甘草、枸杞、當歸、熟地等十五種中藥材為湯底，再配上去血水煮至八分熟的排骨、羊排、土虱等食材燉煮。喜歡這種有點回甘的中藥湯頭，每次都喝到一滴不剩；肉雖不多，但就是喜歡啃那燉到骨肉分離的些許瘦肉，沾著豆瓣醬吃，特別津津有味！

INFO ／海友十全排骨
地址／台北市士林區大東路 49 號
營業時間／週三到週日 15:00-00:00；週二公休

豬血糕、豬血湯
Pig's Blood Cake / Soup

　　香菜與花生粉最經典的風味組合代表，可謂豬血糕了。小時巷口常傳來「迪～惠貴」的攤車叫賣聲，就知道賣豬血糕的攤子到住家附近了。從蒸籠取出熱騰騰的條狀豬血糕，蘸上醬油後，依照客人需求裹上一層厚厚的花生粉及些許香菜，插上竹籤後即可食用。南部常見的吃法是加甜辣醬、醬油膏和薑絲。豬血糕又稱為米血或米血糕，是用豬血加上糯米等食材製成的，雖曾被外國網站評為全球十大怪食之首，在台灣卻非常普及，也有很多元的吃法，不管在夜市、小吃攤、滷味攤、鹽酥雞攤、炭烤、火鍋、熱炒店都是常見的食材。

紅昌吉天然紅豆腐豬血湯

　　此外，以豬血入菜的食材還有豬血湯，台北昌吉街上有一間「紅昌吉天然紅豆腐豬血湯」，店內稱豬血為天然紅豆腐，除了可補血外，營養價值也高。店內的招牌豬血湯可另外加大腸，或製成麻辣豬血，哪怕是酸菜、韭菜皆可客製化調整。湯頭用沙茶調味，滷過的大腸在湯裡載浮載沉，加上韭菜提味，滿滿的料十分過癮。醬料區有生辣椒、醬油膏、番茄醬、芥末、蒜泥、花生粉、芥末、酸菜、綠韭菜等各種佐料供客人自行索取。

豬血湯

大腸
韭菜
豬血

滷肉飯

INFO ／紅昌吉天然紅豆腐豬血湯
地址／台北市大同區昌吉街 46 號
營業時間／每日 11:00-21:00

米苔目
Mitaimu (thick rice noodles)

　　米苔目又稱米篩目，是一種傳統的客家米食，「米篩目」之名與其製法有關。傳統做法是使用舊在來米所製成的米糰，篩過有洞的擦板，成為條狀。擦板上的洞閩南語稱「目」，因此稱作米篩目。粗條狀的白色的米苔目煮過後，口感非常有彈性，帶有淡淡米香，無論是做成湯的或乾拌都很美味。米苔目除了可搭配鹹食外，也可作為甜湯或冰品來吃，加在冰品裡，會因溫度冰涼而使口感更為 Q 脆。

高家莊米苔目

　　只在晚間營業的「高家莊米苔目」是台北宵夜好去處。店門口總是明亮，除了湯的和乾的米苔目外，牆上年度排行榜標示著五樣人氣小菜：紅燒大腸、沙拉魚卵、芥末軟絲、紅燒肉、高家粉肝，每一樣都很精彩。小菜搭配著米苔目：用中藥滷至入味的紅燒大腸，加上美乃滋的切片魚卵、新鮮的軟絲佐芥末醬油、炸得酥脆入味的紅燒肉，還有淡粉色的粉肝，三兩下功夫就清盤！

INFO ／高家莊米苔目
地址／台北市中山區林森北路 279 號
營業時間／週一到週四 17:00-02:00、週五到週六 17:00-03:00；週日公休

高家莊米苔目

年度排行榜

沙拉魚卵

紅燒大腸

紅燒肉

米苔目

高家粉肝

芥末軟絲

四神湯
Four Spirits Soup

　　最初的四神湯是作為進補的藥膳，湯頭使用稱作「四臣子」的芡實、淮山、茯苓、蓮子等四種中藥熬煮而成，因閩南語發音似四神而如此稱呼。可增加食慾、緩和腸胃毛病、增加吸收力，但所含澱粉量高，需加入蛋白質、油脂來中和口感，故湯內多會加入豬小腸、豬肚等食材。又恐澱粉使湯頭混濁、口感不佳，許多店家便改以大骨湯加四神藥包熬煮湯頭，並加入薏仁來調和。

　　四神湯另外一個重要佐料就是加入純米酒或藥酒以增添香氣，進而達到熱身的進補功效。像是台北雙連捷運站附近的老店「阿桐阿寶」，桌上會擺著一瓶加了人蔘、海馬、當歸、甘草等十餘種中藥泡的提香藥酒，任客人自行添加。喝一口湯醒腦通暢，身體立即暖和起來，同時還可配搭店內販售的肉包和自製的燒賣一起吃。

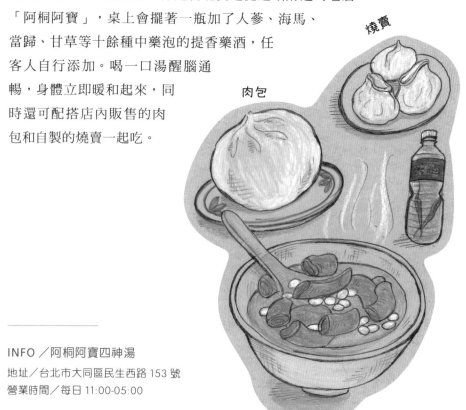

燒賣

肉包

INFO ／阿桐阿寶四神湯
地址／台北市大同區民生西路 153 號
營業時間／每日 11:00-05:00

美食路線

大稻埕

走在大稻埕，這裡的街景、建築及各式南北乾貨、中藥鋪店家，讓人彷彿時空穿梭。說到美食，早上慈聖宮前的保安街上有一整條的老字號攤車賣著各式小吃，像是魯肉飯、肉粥、肉包、炸紅糟肉、排骨湯應有盡有，可以同時點不同的料理一飽口福。所謂的「埕」就是建築空間前的空曠之地，上午店家會在此擺上桌椅，小吃經常接近中午就賣光了，建議早點來才能吃得到喔。

排骨湯

滷肉飯

紅燒肉

旗魚米粉湯

　　民樂旗魚米粉湯是乾媽每次返鄉都要光顧的小吃攤。不管天氣再熱,中午都要喝一碗熱騰騰的旗魚米粉湯。湯頭鮮美,白色的碎魚塊浮在米粉上,灑上一點白胡椒粉提味,再點上一整桌的炸蚵仔、炸蝦仁、炸紅燒肉就是最佳組合。小時候不懂乾媽為什麼要大老遠回來吃這些東西,店裡沒有冷氣,有時還要跟人併桌而坐,後來自己到外地唸書,才深刻理解到這種不可替代的味道。

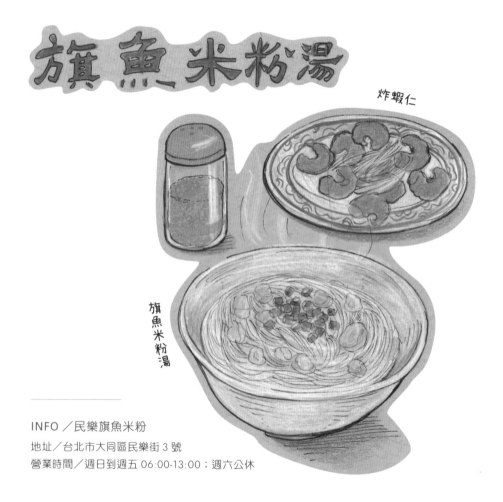

炸蝦仁

旗魚米粉湯

INFO ／民樂旗魚米粉
地址／台北市大同區民樂街 3 號
營業時間／週日到週五 06:00-13:00；週六公休

杏仁露

永樂布市一樓門口擺著一台老攤車，玻璃櫃裡一排排疊起的小瓷碗，有杏仁露、綠豆露、紅豆露，加紅豆、綠豆端看個人喜愛。我最喜歡吃純白色的杏仁露，上頭鋪上碎冰，淋上糖水，冰涼清甜又消暑，沁涼順口。看著永樂市場熙來攘往是一種悠閒的平價享受。

偶爾會有其他攤車在布市前廣場現爆米香餅，時不時爆出很大的聲響，一不留神還會被嚇到。媽媽時常在這附近的老街買麥芽餅回去當點心，說這是她兒時的味道。微鹹的餅乾夾上新鮮的麥芽糖，意外竟不黏牙。這兒也是台北的年貨大街，春節前夕各式攤商聚集，除了賣乾貨、糖餅、年菜外，店家們還會提供試吃，每每走完這條年貨大街已吃飽喝足。

西門町

東一排骨

　　從 1970 年代便開業的東一排骨，1979 年將總店遷至延平北路中山堂附近的大樓內。店內時間彷彿凍結在某個久遠的年代，映入眼簾的有各式華麗裝飾、珠簾、繽紛彩繪玻璃相間的橘色天花板、流星燈和各式吊燈，身著白衣黑褲制服的服務生阿姨迎上前招呼，引導我們移步至有點像是老飯店接待櫃檯的吧台點餐。背板上寫著各式便當的菜色，點好餐排排站的服務生引領我們入座，整間店有二百坪的空間，多達五百個座位，中午時段來已有許多客人。

　　服務生大多是有些年紀的阿姨、叔叔，感覺在此工作許久，熟練地幫客人遞上餐點。白飯上澆了滷肉汁，附上三菜一例湯，炸得酥脆的排骨、炸雞腿切塊另外盛裝，一旁配上醃漬小黃瓜片、辣蘿蔔乾。除了食物美味，更吸引我的是店裡的年代感，食堂中間有一個用假花裝飾的圓形魚缸，一側還有咖啡、冷飲的果汁吧台。眼前情景彷彿再現台灣七十、八十年代的輝煌、繁華的生活縮影，也顯現出當年華麗排場的歌舞廳、秀場之夜總會風格。

INFO ／東一排骨

地址／台北市中正區延平南路 61 號 2 樓

營業時間／週二到週日 10:00-20:00；週一公休

蝦捲

排骨飯

雪王冰淇淋

　　中山堂邊的雪王冰淇淋創立至今超過七十年，據說創始人高日星先生因為小時家裡窮，吃不起冰淇淋，便下定決心長大後一定要學做冰淇淋。因緣際會下，有機會前往日本學藝，習得技術，民國 36 年在台灣開始賣冰。我大學時便曾來嘗鮮過，雪王的特色除了有多達七十三種的冰淇淋口味之外，令人印象深刻的是獨創的口味，除了常見的水果（西瓜、芭樂、木瓜、在、釋迦等）、堅果（綠豆、芝麻、花生、核桃）、茶類（綠茶、凍頂烏龍、茉莉香片）、酒類（如啤酒、葡萄酒、金門高粱），竟還有少見的滋補類（如當歸、肉桂、桂圓、米糕口味）、蔬菜類（如芋頭、薑汁、苦瓜、九層塔）、辛香類（如辣椒、咖哩、芥末），甚至還有肉鬆、麻油雞、豬腳等口味。我嘗過招牌西瓜口味的水果冰淇淋，它選自台東的紅肉西瓜，還可吃到西瓜籽；而甜甜鹹鹹、年代最久、推出超過二十年的肉鬆口味，則採用新東陽肉鬆，冰中可吃得到肉鬆絲呢。後來也試了茉莉香片口味，茶香濃郁，每一種都令人印象深刻。

INFO／雪王冰淇淋
地址／台北市中正區武昌街一段 65 號 2 樓
營業時間／每日 12:00-20:00

淡水

鐵蛋
Iron Egg

　　有一陣子住在淡水,淡水老街中有許多賣鐵蛋的店家,還有現滷的鐵蛋,大顆、小顆皆有,香味四溢。鐵蛋帶著黝黑光澤,嚼起來有韌性,蛋黃有著濃郁的滷香味;細細咀嚼經過時間淬鍊濃縮的層次,搭一杯酸梅湯,是老街的情懷。

阿給
Agei

阿給是 1965 年受日本教育的楊鄭錦文女士，從日本油豆腐（あげ，中譯「阿給」）包食物之方式獲得靈感而衍生。起初是不想浪費賣剩下的食材而想出的特殊料理方式：將油豆腐切開，內包著炒過的肉臊冬粉絲，將其浸過滷汁後再用魚漿封口成方柱狀，蒸熟後淋上橘紅色醬汁。因為口味獨特，久而久之成為淡水地區的獨創地方小吃。

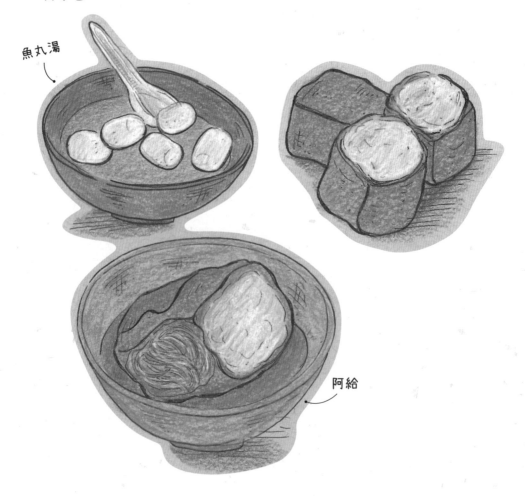

魚丸湯

阿給

大腸蚵仔麵線
Oyster Vermicelli

　　麵線遍布全台，可分成白麵線或紅麵線。湯頭和作法非常多元，像是麻油雞麵線、豬腳麵線、茶油麵線、當歸鴨麵線，還有大腸蚵仔麵線……。不同地區也有不同的喜好，南部的鹿港麵線糊就是將麵線熬煮至糊狀，甚至到可以「喝」的程度；而加勾芡的紅麵線熬煮而成的大腸麵線是北部常見的型態。

油庫口蚵仔麵線

　　位於新北市板橋一帶的老店，也是我搬到板橋後常光顧的小吃。在麵線中加入滷過的大腸、拌過太白粉的蚵仔，再加入蒜末、香菜、辣椒提味。當然，吃麵線少不了烏醋，我習慣額外將烏醋、辣椒拌在麵線糊中，吃起來特別開胃。油庫口的另一個特色就是吃麵線得配烤得油香四溢的香腸。

INFO／油庫口蚵仔麵線
地址／新北市板橋區文化路一段 188 巷 44 號
營業時間／每日 09:30-19:00

深坑

王水成臭豆腐

　　深坑的臭豆腐遠近馳名，來到深坑老街上會看到許多賣臭豆腐的店家，我跟家人最常去吃的是「王水成」，是深坑廟口的豆腐老店。這裡的臭豆腐有麻辣或蒜味的選擇，一份四塊，蒸煮後再滷過，讓豆腐的孔隙充滿了湯汁。除了臭豆腐外，還有許多菜色選擇，像是豆腐羹、肥腸鴨血、糖醋海魚等都非常下飯。深坑還有獨特的串烤吃法，用竹籤串起烤豆腐，中間夾入各種餡料，像是台式泡菜，或花生粉、香菜等，可以邊走邊吃。

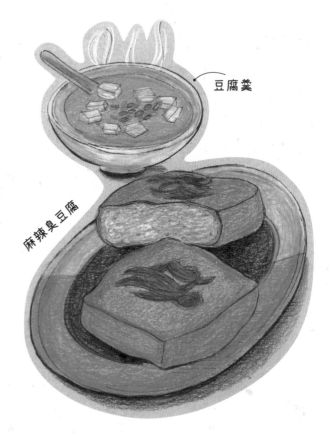

豆腐羹

麻辣臭豆腐

INFO ／王水成風華館
地址／新北市深坑區北深路二段 204 號
營業時間／週三到週一 10:30-20:00；週二公休

金山

金山芋圓王

　　說到芋圓許多人會想到九份，我卻喜歡金山老街附近的「金山芋圓王」，每次經過都要特別繞去買一碗招牌芋圓仙草奶凍，有時太晚還買不到。新鮮又大顆的紫色芋圓、橘色蕃薯圓，搭配仙草，淋上奶油球，口感豐富，還可吃到芋頭的顆粒跟香氣！

INFO ／金山芋圓王民生總店
地址／新北市金山區民生路 204 號
營業時間／每日 12:00-17:00

知味鄉玉米

　　這是一間路邊不起眼的烤玉米名店，每次開車駛過都有人潮排隊等待，飄出的烤玉米香氣真是迷人啊！玉米秤重計價，先蒸，再刷上特製醬料，反覆在炭火上邊轉邊烤，烤至外皮裹上一層厚厚的焦香色；食物的美味呈現需要甘心、耐心等候，急不得。小時候總覺得這種玉米口感硬硬 QQ 的不好咬，長大後卻享受起這種慢嚼的樂趣！

🗺️ 基隆

　　「基隆」位於台灣最北端，三面背山，正面臨海，擁有條件優越的天然深水港灣。地名來源就是從海上看和平島的地形，宛如「雞籠」般，後來取其諧音改名「基隆」，有「基地昌隆」的吉祥意義。對於基隆的印象除了港邊的大貨船、盤旋飛舞的老鷹、彩色建築排排站的正濱漁港，超過百年歷史的阿根納造船廠，還有夾雜著海水及陰雨綿綿的潮溼氣味。

　　基隆一帶曾是最大的煤礦產地，基隆開港後，除漁業外，礦業及運輸成為港埠最重要的商業活動。台灣的第一條鐵路也是在此興建，作為運輸吞吐的重要樞紐，可知此地點的重要歷史地位。有商業活動就會影響該地區的生活飲食型態，設立在港邊替航海祈福的廟宇，以及奉祀開漳聖王的奠濟宮，因香火鼎盛周遭開始群聚人流與活動。從日治時期就開始在廟埕附近聚集販賣小吃的流動攤販，漸漸演變成市集，如今更成為固定整條街區的廟口夜市。如今，基隆廟口夜市小吃的名聲早已勝過廟宇本身，不斷吸引遠道而來的觀光人潮。

豬肝腸
Pork Liver Intestine

在找尋基隆特色小吃時，便聽聞基隆有三腸：糯米腸、蛋腸以及豬肝腸。其中最有特色的要屬豬肝腸了。豬肝腸類似香腸的製法，但內容物是豬腿肉、中藥香料，還有「豬肝」，再經過煙燻的繁複製程而成。

大觀圓鹹湯圓豬肝腸

聽聞豬肝腸是基隆在地古早味小吃，我卻從未嘗過。來到在地人推薦的仁愛博愛市場，整棟市場的一、二樓藏著許多美食攤位，還有新鮮漁貨，其中位在仁愛市場一樓的「基隆大觀圓鹹湯圓豬肝腸」，除了賣鹹湯圓之外，還有店家自製的豬肝腸。切一份豬肝腸 30 元，淋上辣椒醬、粉色的香腸吃起來除了有香腸的香味外，還穿插著豬肝的香，口感味道很獨特且不違和，令人不禁一口接著一口。招牌寫著六十年老店，老闆娘說到基隆只有兩間店有賣，「豬肝腸海鮮店」師承同門，雖然口味不同，但都是老店、保存流傳至今的老味道。

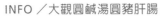
豬肝腸

_____

INFO ／大觀圓鹹湯圓豬肝腸
地址／基隆市仁愛區仁四路 31 號
營業時間／週二到週日 08:00-19:00；週一公休

吉古拉
Chikuwa

　　基隆因近港口的地利之便，除了擁有大量海鮮，還有魚漿三寶：
吉古拉、天婦羅和魚餃。正濱漁港有著傳統作法的手工炭烤吉古拉店
家，遠遠便能聞到炭烤的魚香，也形成特色之一。吉古拉其實就是用
鯊魚魚漿製成的竹輪，名稱由日語竹輪「ちくわ」（Chikuwa）演繹而
來，不同於工廠大量製作程序，炭烤師傅必須熟練地將魚漿均勻塗抹
在鋼管上，用手套、面罩抵擋炭火的熾熱，讓魚漿在炭火上均勻滾動
烤至金黃。現烤的吉古拉外酥內軟，香氣十足。

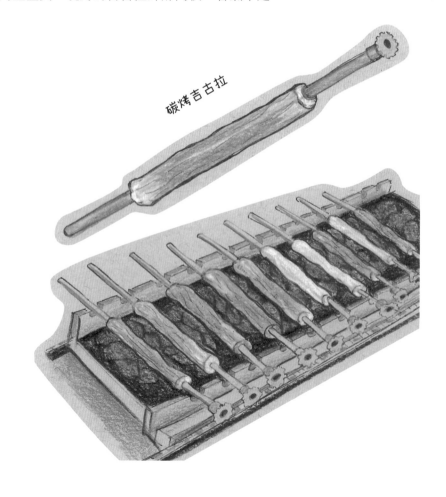

碳烤吉古拉

〉美食路線〈

火車站周邊

周家蔥油餅

　　周家蔥油餅是開業五十幾年的早餐店，小小的店鋪前排著長長的人龍，店裡四、五位阿姨不停將蔥餅從烤箱取出，加蛋煎，熟練的動作使隊伍移動快速，每個人手中拿到的都是熱騰騰剛出爐的蔥油餅。周家早點販售的蔥油餅，小巧的螺旋外型加上一顆煎蛋，來上一杯豆漿，便是飽足的早點。現烤出爐的蔥油餅顏色油亮，口感焦脆，夾雜著蔥香。

INFO ／周家蔥油餅
地址／基隆市中正區信二路 309 號
營業時間／週二到週日 04:30-12:30；週一公休

天天鮮排骨蝦仁飯

　　來到在地朋友推薦的「天天鮮排骨飯」，店裡早已排滿等著外帶的人潮，每份便當皆附炸蛋一顆，內用還會附味噌湯或豬骨湯。點了一份排骨蝦仁飯，一碗白飯上鋪滿了滷白菜、酸菜，炸排骨一盤切好疊起，上頭再擺一顆半熟炸蛋，排骨下方鋪了一層炸蝦仁。最期待的便是將炸蛋戳破，蛋黃拌入飯粒的時刻。老闆娘說他們從民國63年開始就在基隆開店，至今已是第二代經營。店家靠近碼頭，每天可以就近使用附近魚市場新鮮現撈現剝的海蝦仁。由於碼頭工人需要較高熱量的食物，故以炸物為主要供應的便當菜。所附的豬骨湯也有滿滿的蛤蜊，這樣一份只需百元上下的豐盛菜色，簡直是平價版的海陸雙享餐。老闆謙虛的說他們不是名店，卻早已成為基隆在地人、街坊熟知的日常口袋名單。

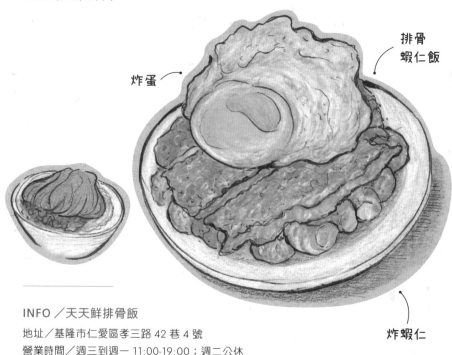

炸蛋

排骨
蝦仁飯

炸蝦仁

INFO／天天鮮排骨飯
地址／基隆市仁愛區孝三路 42 巷 4 號
營業時間／週三到週一 11:00-19:00；週二公休

魚丸伯仔豆干包

　　魚丸伯仔位於巷口轉角，小店門口放著一框框的竹簍，盛裝著剛製作好的魚丸，雖然碗上寫著 65 年老店，其實魚丸伯基隆本店早從民國 35 年開始經營。

　　魚丸伯仔賣的主要是冬粉、豆干包和魚丸湯，伯仔套餐一組只要七十五元。乾冬粉淋上店家自製的獨門醬汁，魚丸以鯊魚打成魚漿做成，豆干包是以對切的三角豆皮包入肉臊後，再以鯊魚漿封口製成，最後淋上甜辣醬，外型有點像是淡水阿給的姐妹款，只是內餡不同。一邊吃著這樣的單純味道，一邊看著店家阿姨們熟練的填餡、抹魚漿，一籃籃裝著魚丸、豆干包的竹簍，散發出樸實的味道。

鯊魚丸

鯊魚魚漿

INFO ／魚丸伯仔
地址／基隆市仁愛區愛二路 56 號
營業時間／每日 10:30-18:00

金龍肉羹

　　金龍肉羹是在地友人推薦的小吃店，位在遠離火車站步行距離外的三沙灣，卻是在地人常吃的老店。肉羹是以豬胛心肉裹上魚漿製成，湯頭則是用大骨高湯加上薄薄的勾芡，外加筍絲、白菜和香菜提味，口感十分清爽。點了碗魯肉飯、肉羹粿仔、肉羹油麵，切一盤滷油豆腐、白菜捲、菜頭、吉古拉，最後一定得加上店裡的辣椒醬，很對味。

INFO ／金龍肉羹
地址／基隆市中正區中船路94號
營業時間／週三到週一 08:30-18:30；週二公休

廖媽媽珍珠奶茶

　　基隆車站附近孝三路上的老字號手搖飲料店，不同於一般店面，廖媽媽珍珠奶茶位於二樓，不起眼的樓梯入口、綠色的招牌跟吧台，牆上掛著整面的飲料菜單，左側則是不同料的冰櫃；座位區擺放許多漫畫，看起來很像學生時期常去買的那種巷仔口阿姨開的飲料店。店員爽快地詢問要喝什麼，選了招牌珍珠奶茶和桂花蜜酸梅湯，在炎熱的下午，一口沁涼酸梅湯非常解渴，珍珠奶茶很像早餐店有著奶精味的奶茶加上珍珠，是一股非常懷念的味道。一聊之下，才知道店員是廖媽媽的女兒，下午幫忙顧店，晚上是在酒吧工作的調酒師。看見牆上貼滿客人的留言與回饋，這樣的傳承我覺得其來有自，一間店能在某地開業幾十年，或許飲料只是媒介，人情味才是關鍵。

INFO ／廖媽媽珍珠奶茶
地址／基隆市仁愛區孝三路 84 號 2 樓
營業時間／每日 11:00-21:30

廟口夜市

鼎邊銼
Ding Bian Cuo

原是來自福州的小吃。把在來米研磨成漿,再往鐵製大鍋「鼎」內加水燒滾,接著沿鍋邊緣慢慢倒入,把蓋子蓋上,往下銼的米漿遇蒸氣蒸煮熟而凝固,再把一圈的鼎邊銼取下後自然風乾,剪成一片一片。鼎邊銼「ㄙㄨˊ」為閩南語唸法,而「銼」這個字國語發音應為「ㄙㄨㄛ」,有蠕動徘徊的意思,在此時形容蒸煮時米漿翻滾的樣貌。

吳家鼎邊銼

從 1919 年開始就在奠濟宮旁設攤至今,傳到第三代已有百年歷史。店家熱情地介紹著他們的湯使用了十二種材料來製作,包括香菇、金針、筍絲、蒜頭酥、芹菜、高麗菜、蝦米、魷魚絲、小魚乾、肉羹,還有橘色的蝦仁羹。用魷魚絲、金勾蝦米、丁香小魚干、竹筍、香菇等海鮮熬煮的湯頭十分鮮甜、口味清爽,富有海港特色。

店內隨桌擺放基隆自產的老牌「王冠牌紙包烏醋」,可以自行斟酌加入湯中調味。烏醋包裝超復古,令人想到附近的柑仔店買一罐當伴手禮。

香菇
魷魚
金勾蝦
小魚乾
肉羹
蝦羹
鼎邊銼

INFO /百年吳家鼎邊銼
地址/基隆市仁愛區仁三路 27-1 號(27-2 號攤位)
營業時間/週五到週三 10:30-00:00;週四公休

羊妹妹羊肉湯

　　廟口旁還有一間值得一試的羊肉美食小吃攤位。廖老闆熱心的介紹，自己從十六歲開始便在基隆廟口夜市工作，後來開始賣售羊肉湯、羊肉滷飯。羊肉不好處理，想做出這樣新鮮又沒有羊騷味的羊肉滷飯、羊肉湯實屬不易。看著老闆在白飯上淋上一勺羊肉滷汁，一碗熱騰騰的羊肉滷飯完成，溼潤的滷肉拌著飯，實在美味。喝一口顏色清澈的羊肉清湯，吃一口肉，不需太多調味就可以嘗到食材本身的鮮美。

羊肉湯

羊肉飯

INFO ／羊妹妹
地址／基隆市仁愛區仁三路 27-1 號
營業時間／週三到週一 11:00-23:00；週二公休

營養三明治

小時候媽媽回到基隆就會買營養三明治給我們吃。夾著滿滿餡料的三明治一口咬下，伴著濃郁的美乃滋及炸麵包，感到無限滿足。營養三明治的外型乍看很像美式熱狗堡，長型的炸麵包自中間切開、夾入內餡，再以醬料調味。不同於美式熱狗堡的酸黃瓜與番茄醬，營養三明治的夾餡是火腿、小黃瓜、番茄塊，和超台式的滷蛋，最後擠上滿滿的美乃滋醬，這款用類似食材解構後再重組的三明治便在基隆街坊誕生了。據傳營養三明治的誕生是因著 1950、60 年代的韓戰、越戰時期來到亞洲的美軍，基於鄉愁而使用台灣就地可取得的食材元素重製。

營養三明治攤位的招牌標註斗大字樣：「強身補體、益壽延年」等標語，但油炸的麵包加上滿滿美乃滋這種超高熱量組合與現代營養觀念怎麼也沾不上邊吧。原來營養的定義因時代變遷而有所異動，1950 年代，政府為了推動「進口替代政策」，打算在習慣吃米食的台灣推動進口麵粉，於是廣傳麵食的營養成分，強調麵粉含有強身健體的營養素，此類食品也被順勢冠上營養的頭銜。這樣的街頭小吃流傳至今，足以看到台灣飲食深受多元文化洗禮，演變成今天獨特台灣味的足跡。

INFO ／天盛舖基隆廟口營養三明治
地址／基隆市仁愛區愛四路 30 號（58 號攤位）
營業時間／每日 11:30-00:00

遠東泡泡冰

大啖一輪小吃後,最後以一杯泡泡冰收尾吧。各種口味的泡泡冰令我出現選擇障礙,除了夜市內的泡泡冰攤位,還有一間成立於1955年的泡泡冰老店「遠東泡泡冰」。

泡泡冰的特色是空氣含量占整體成分的20%。不同於剉冰,泡泡冰是將材料如水果與冰攪拌在一起,吃起來口感較紮實。據說這樣的發明是老闆的阿公在賣剉冰的時候,常看到客人將冰與料攪拌均勻後才吃,遂靈機一動想出直接替客人將冰花與原料攪拌均勻的創新作法。他改造原本的刨冰機,再三調整配方,第一碗泡泡冰終於問世。

INFO ／遠東泡泡冰
地址／基隆市仁愛區玉田里仁三路 5 號
營業時間／每日 10:00-23:00

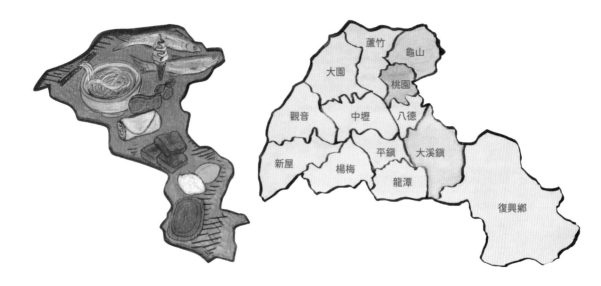

桃園

　　桃園是許多外國遊客來台灣第一個「經過」的城市。當我詢問幾位桃園的友人，對於桃園飲食有什麼印象或是有何推薦的口袋名單時，往往得到的答案是：「桃園好像沒有什麼特別的在地食物呀！」但有許多很好吃的異國美食，像是滇緬料理、泰國菜、越南、印尼料理等。一開始覺得納悶，這些外來的飲食文化算是台灣的飲食文化嗎？後來有機會深入與在地人對話，才漸漸解開了心中的疑惑。

　　因桃園作為工業城，加上鄰近台北，使得定位有些尷尬；但同時也帶來了多元族群，有閩南、客家、原住民、外省族群和新住民，著實是一個融合各地特色的台灣小縮影。各區域有其獨特飲食，例如龍崗的滇緬小吃有米干、米線；大溪則是閩客交界的區域，有許多客家餐廳或是老屋活化場域，像是源古本舖裡的品香食塾、大溪老茶廠等。

草仔粿、客家菜包
Caozaiguo、Hakka Dish

　　米食是客家飲食中的重要角色，其中草仔粿為客家「菜包」的
一種，草仔粿是閩南人的叫法，客家人稱為青團、艾粄、艾糍粑等。
客家「菜包」不同於一般麵食，包子外皮是用米搗製成、口感像是
麻糬般Q彈，口味有很多種，除了原味的白色外皮包著蘿蔔絲或高
麗菜內餡。最常見的還有用艾草或鼠麴草做的綠色外皮、內餡包著
鹹菜脯米的草仔粿，或是番薯口味的黃色外皮、紅色外皮包著甜的
紅豆餡的紅龜粿。

　　龜粿是日常可見的小點心，也是清明的應景米食，又稱為清明
粿。在清明掃墓時，可能會看見不同顏色的龜粿，這些顏色差異都
有其意義存在，如紅色的龜粿多用來祭拜舊墳，表示感謝祖先的德
澤；青色或米白色龜粿則多用來祭拜新墳，是表示對親人的哀思或
祝福。

劉媽媽客家菜包

　　位在中壢有間販售多種客家米食的「劉媽媽客家菜包」，店內擺著琳瑯滿目各種口味的菜包、粿類等米食小點，像是包了滿滿蘿蔔絲的客家菜包、草仔粿、紅龜粿、麻糬粑、還有客家肉粽、客家粄粽等。經過買一袋，隨時餓的時候可以直接食用果腹，冷食也很美味，非常方便，也是在地人的最愛。

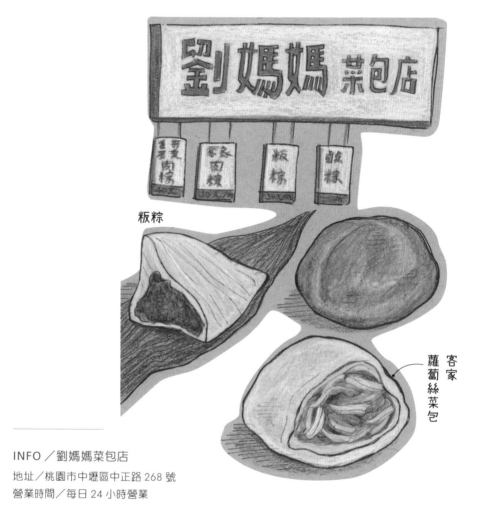

粄粽

客家蘿蔔絲菜包

INFO／劉媽媽菜包店
地址／桃園市中壢區中正路 268 號
營業時間／每日 24 小時營業

潤餅
Taiwan burrito

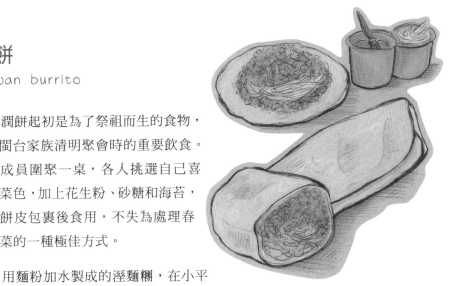

潤餅起初是為了祭祖而生的食物，也是閩台家族清明聚會時的重要飲食。家族成員圍聚一桌，各人挑選自己喜愛的菜色，加上花生粉、砂糖和海苔，以潤餅皮包裹後食用，不失為處理春節剩菜的一種極佳方式。

用麵粉加水製成的溼麵糰，在小平鍋上旋烙成薄如紙的米白色潤皮，加上花生糖粉、蛋酥、紅燒肉、豆干、大量蔬菜、高麗菜、豆芽菜、香菜，包捲起來，一口咬下層層風味，每一口都有滿滿的料香；蔬菜香脆的口感，伴隨著花生糖粉的甜，及不時竄出的紅燒肉驚喜。

潤餅南北口味有別，有南乾北溼的說法，有別於南部豆薯、皇帝豆、芹菜、茼蒿菜、蒜苗等清脆的口感；北部大多將高麗菜煮到熟爛溼潤，就算瀝乾仍有些許溼氣，因此，為了避免弄破潤餅皮，一般底層會先鋪上一層花生糖粉、魚鬆墊底，再疊上蛋酥、豆干，最後才加上高麗菜、豆芽、香菜、蘿蔔乾、酸菜等。潤餅的製作無法久放，只能現點現包並立即食用，才能擁有最好的口感。

在桃園火車站附近，有幾家在地人推薦的潤餅捲老店，像是「健民潤餅」、「阿和潤餅」，各有不同的口味及配方。健民潤餅的招牌包了鴨蛋酥，還使用咖哩白蘿蔔絲，不同於一般常見的高麗菜的作法。阿和潤餅城被稱為桃園的老味道，約有七十年的歷史，現在的老闆已是第三代，仍保留手工拭餅和自製蛋酥的傳統。

INFO／阿和潤餅
地址／桃園市桃園區博愛路 31 號
營業時間／週一到週六 10:00-17:00；
週日公休

INFO／健民潤餅
地址／桃園市桃園區中山北路 124 號
營業時間／週三到週日 11:00-16:00；
週一、週二公休

大溪老街

聽說我從沒去過大溪老街，住在桃園的朋友 Ruby、Nada 超驚訝，二話不說開車領我來到大溪老街，除了參觀各式老房子、老屋改建的空間、古色古香的店面，當然必須嘗嘗遠近馳名的大溪豆干。大溪豆干好吃的最大原因在於這裡擁有良好潔淨的水質，成為製作優良豆干的最佳基礎。

老街上有好幾間賣豆干滷味的店家，像是黃日香、黃大目、老阿伯，街上不時會傳來醬香，大鍋裡盛滿深醬油色的滷汁，一個個滷得入味濃香，各種豆製好料浮在鍋中，有豆干、素肚、素雞、素腸、百頁、豆皮卷等，店家稍有不同但大同小異。選好料後切片裝盤，加上香菜、九層塔，另外也可以依照個人口味倒入辣椒、醬汁。

黃日香

第一次在大溪老街吃到的豆干是「黃日香」，店內有各式各樣的豆類加工伴手禮，還有現滷的滷味、豆干，每樣都滷得非常入味。辣椒很辛口，記得那時是夏天，我們一群人坐在路邊的座位區，吹著風看著老街景，邊吃邊流汗，卻仍是一口接一口吃得津津有味。

INFO ／黃日香
地址／桃園市大溪區和平路 56 號
營業時間／每日 07:30-19:00

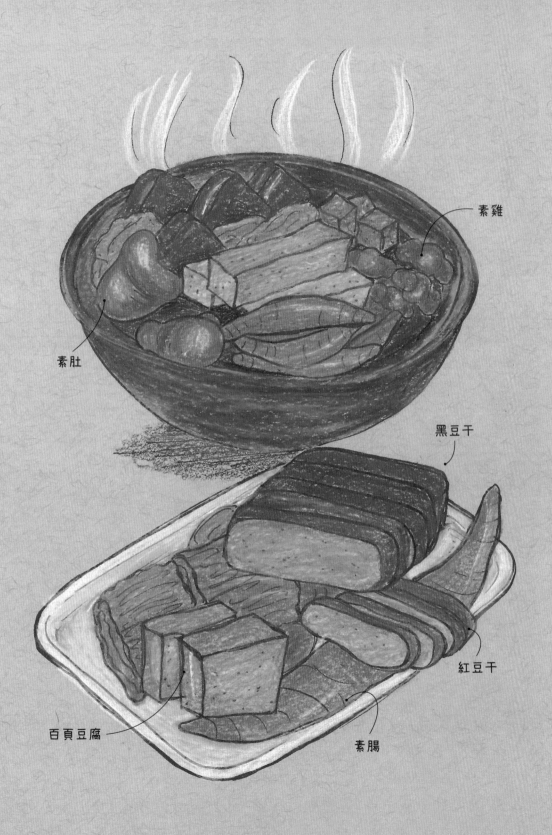

素雞

素肚

黑豆干

紅豆干

百頁豆腐

素腸

桃園區

正一排骨飯

好友 Ruby 跟我分享在外許久，一回到桃園就想第一時間衝去吃的就是「正一排骨」，這裡也是她爸爸很喜歡的店家。正一排骨是一間老字號便當店，自 1991 年成立至今已有三十幾年。對離鄉許久的人來說，吃家鄉熟悉的味道也是解鄉愁的好方法。我很喜歡正一排骨飯酥炸的排骨，香酥的麵衣咬在嘴裡發出滋滋聲響傳到耳際，實在銷魂。店裡除了有舒適的座位區之外，店家還會將排骨切塊分裝盤中，一碗飯附三樣青菜、一碗湯，相當豐盛。

INFO ／正一排骨飯
地址／桃園市桃園區中正路 730 號
營業時間／週一到週五 10:30-14:00, 16:30-20:00、週六到週日 10:30-20:00

排骨酥
Crispy Sparerib Soup

　　排骨酥湯的作法北部與中、南部不太一樣。北部的湯頭較清澈，通常是將炸好的排骨酥加入冬瓜、鹽巴、水一起燉煮；中、南部的作法則是用高湯燉煮，排骨酥先炸後蒸，再加入湯熬煮；有的會加粉勾芡，湯頭較濃郁、顏色較深。

天品排骨酥麵

菜頭排骨酥湯

　　不起眼的門面，店內樸實的桌椅，卻有著讓人忘不了的好味道。從蒸籠取出一個個冒著煙的不鏽鋼桶仔，裡頭裝著蒸煮好的排骨酥湯，小小一碗加上香菜，每一口都充滿著排骨酥香的精華，湯頭清澈卻保有風味，小心翼翼啜著燙口的湯。自己真的很愛這滋味。排骨酥湯還可以另外加入麵條，吃起來很有飽足感。

INFO ／天品排骨酥
地址／桃園市桃園區中正路 479 號
營業時間／週三到週一 24 小時營業；週二公休

南平鵝肉

　　南平鵝肉專賣店位在桃園最熱鬧的藝文特區附近，鵝肉切盤的部分有煙燻、鹽水白切兩種口味，可以選胸或是腿。菜單上的品項琳瑯滿目，選擇非常多。點一份黃金桂竹筍、一碗鵝腸湯，再搭配一盤涼拌三色蛋（皮蛋、鹹蛋、雞蛋再加上美乃滋），切一盤煙燻鵝肉＋鵝油飯，就可以開始大快朵頤！我很佩服師傅切薄片鵝肉的刀工，表皮燻至金黃色的鵝肉彈牙多汁、不乾柴，沾點微辣醬料配著薑絲，絕對是人間美味。聽說越到宵夜時段人越多。

INFO ／南平鵝肉專賣店
地址／桃園市桃園區南平路 206 號
營業時間／每日 10:00-02:00

鵝腸湯

筍干

三色蛋

滷肉飯　鵝油飯

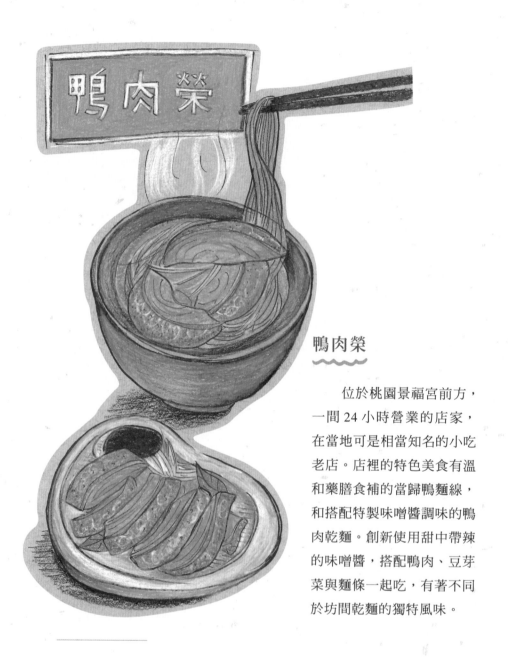

鴨肉榮

位於桃園景福宮前方，一間 24 小時營業的店家，在當地可是相當知名的小吃老店。店裡的特色美食有溫和藥膳食補的當歸鴨麵線，和搭配特製味噌醬調味的鴨肉乾麵。創新使用甜中帶辣的味噌醬，搭配鴨肉、豆芽菜與麵條一起吃，有著不同於坊間乾麵的獨特風味。

INFO ／鴨肉榮
地址／桃園市桃園區中山路 81 號
營業時間／每日 24 小時營業

龍岡區

桃園是多元文化生活的城市代表，除了原本居住於此的民族所沿襲的傳統外，新住民的移入也帶來各自家鄉的特色。長期融合居住於此的人們，在這個土地上相互影響、演變，才造就出現今桃園地區的文化樣貌。飲食文化是流動的，在承襲傳統的同時，也會因時代變遷、歷史脈絡而改變。舉例來說，很多桃園人推薦的特色飲食米干，就是在龍岡一帶的滇緬特色料理。

龍岡米干
Longgang Rice Noodle

在龍岡忠貞市場附近，可以看到許多賣米干的店家，包含在地人推薦的大鬍子米干、唐記米干、忠貞誠米干、國旗屋米干等店家均聚集於此。米干是雲南、緬甸、泰北地區的滇緬料理，這個地區之所以會聚集如此多米干料理的店家，其實是因雲南的移民及「異域孤軍」。1953 ～ 1954 年第二次國共內戰，雲南有一支不願投降共產黨的部隊流亡進入緬甸異鄉，成為「異域孤軍」，撤回台灣後便移居在龍岡地區，這裡位處中壢—平鎮—八德的交界處，加上獨特滇緬文化，而有「魅力金三角」之稱，滇緬飲食文化也從此落地生根。近年桃園市政府舉辦「龍岡米干節」，推廣在地獨特滇緬文化及美食，以米干為主軸，雲南少數民族節慶為基底，將雲南傳統文化的美食，融入東南亞地區與台灣在地文化，打造多元族群並融的飲食風貌。

國旗屋、唐記米干

　　大部分的米干店家從早上就開始販售，成為早餐的好去處；僅少數店家晚上有營業。雲南風味的料理除了米干外，還有米線、豌豆粉、稀豆粉等。米干有湯的或乾的吃法，各有不同風味。例如可在「唐記米干」吃炒米干，配上皮蛋打拋豬，外加一杯米涼蝦甜飲。在「國旗屋」你可以吃綜合全加湯米干，一大碗湯米干內滿滿豐富的料，有著豬肝、豬肉、蛋、顏色深帶醬色的湯頭，米干的口感有點類似帶彈性的粄條。米干是較薄寬型，當然，你也可以選擇偏圓細的米線。涼拌豌豆粉則是將淡綠色的豌豆粉切塊，灑上油炸花生粒、辣椒油、花椒油、醬油、醋及香菜涼拌。吃一口這樣的風味組合立馬想起曾經在雲南昆明旅行時吃到的過橋米線及在地風情。

米涼蝦

皮蛋打拋豬

炒米干

INFO／唐記米干
地址／桃園市中壢區龍東路 214 號
營業時間／每日 07:00-21:30
INFO／國旗屋
地址／桃園市中壢區龍平路 215 號
營業時間／週間 05:00-15:00、週六到週日 05:00-19:00；週四公休

國旗屋

綜合米線

豌豆粉

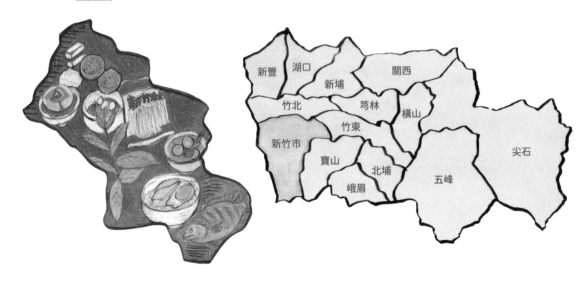

新竹

　　我對新竹是日久生情，疫情爆發前我幾乎每個月都會到新竹教授繪畫，一開始對新竹感到陌生，詢問學生附近哪裡有好吃的，大家第一推薦就是新竹城隍廟。

　　除了外圍的小吃攤位，穿過窄窄的通道走進城隍廟入口，廟宇周圍竟然有著滿滿一排又一排琳瑯滿目的小吃攤位。說到新竹美食，直接聯想到的不外乎就是新竹米粉、新竹貢丸。有一間位在廟旁轉角的小吃攤飯寫著斗大的紅色柳家字樣，每次經過往往都是人龍不斷，不管是炒米粉還是貢丸湯，這裡都吃得到，另外還有肉燥飯、油豆腐、滷白菜等。我自己本身並不那麼喜愛米粉，總覺得乾巴巴的沒味道，但柳家的炒米粉光視覺看起來就十分美味；店家熟練地盛上一碗炒到上色、熱騰騰的米粉，再淋上一瓢肉燥，口感溼潤有彈性。有時在這裡用餐還可以聽到廟埕前廣場熱鬧的戲曲表演，彷彿置身在與外界隔絕的另一個時空裡。

米粉
Rice Vermicelli

各式米粉包裝、百家爭鳴，但為什麼新竹產米粉出名呢？新竹的舊地名為「米粉寮」、「米粉窟」。這裡的氣候、地形造就了適合米粉製作的先天環境，因為傳統製作米粉不僅需要風吹，還要日晒，新竹米粉講究「三分日晒、七分風乾」，每年中秋過後到清明節前這段期間隨著東北季風吹拂，背對雪山山脈的新竹有乾冷而強勁的「九降風」，因此冬天成了米粉的最佳產季。新竹地區聚集百餘家的小型工廠，造就「米粉庄」的美名。

白菜魯

新竹

摃丸湯

油豆腐

炒米粉

新 竹 米 粉 種 類

新竹米粉可以分成「炊粉」和「水粉」。製作米粉時先把米磨成漿，壓乾後蒸三分熟，讓它變成富彈性的米團，接著放入機器壓出一條條的生米粉。

細長的米粉在蒸籠裡面蒸熟，借用「蒸」的閩南語，故稱為「炊粉」；而粗短的米粉放在水裡面煮熟，再丟入冷水中浸泡，避免沾黏，正因為從水中撈出來溼答答的，故稱為「水粉」。

水潤餅
Shui Run Bing

　　水潤餅是新竹人耳熟能詳的傳統古早味，但對外地人來說卻是久聞其名不知從何入手的神祕食物，後來打聽到可到製作水潤餅的糕餅本店「德龍商店」。餅店外沒有特別的招牌，一箱箱袋裝的水潤餅，一袋十個五十元。問店家怎麼吃？店家說可以直接食用，也可以當作漢堡餅皮夾料、抹醬吃。我忍不住咬了一口、麵香撲鼻、微甜的口味還帶些許辛香料的香氣，口感像是鬆軟的瑪芬、或較紮實的鬆餅。單吃就很美味，買回去當早餐，把它加熱夾上蛋、火腿一起食用，就是另類的台式早餐漢堡。

INFO ／德龍商店
地址／新竹市北區成功路 326 號
營業時間／週一到週二、週四到週六 09:30-12:00, 15:30-18:00、週日 09:30-12:00；
週三公休

雞捲
Chicken Rolls

是由豆皮裹著豬肉、洋蔥和其他配料內餡的炸肉卷，當中就是沒有雞肉成分！店家說會稱作雞捲是因為「雞肉」台語諧音似「多的肉」（台語：ㄍㆤ），這種包著碎豬肉塊的肉卷，早期是用剩餘的肉、菜塞入豆皮，油炸而製成，以諧音雞肉來稱呼不但美味也比較好聽。

延平大飯店

吃雞捲、炸肉、配啤酒，「延平大飯店」是新竹有名的鐵皮屋宵夜場，門口滿滿的人流，幾乎都是在地人，有年輕人，也有帶小孩的家庭。用餐時分座無虛席，點餐前店家引導我們找座位，幸好還能與其他客人併桌而坐。我觀望著大家都點了哪些好料的同時，對座的小姐跟我推薦「炸肉好吃！」說完我們對視而笑，這就是新竹人給我的印象，總是特別熱心！點了雞捲、炸肉、美乃滋滿溢的綠竹筍、蘆筍，還有一大碗香菇意麵，不免俗外加貢丸和滷蛋。酥脆外皮的炸肉、雞捲搭配甜辣醬、醃黃瓜去除油膩口感。真想來杯畢魯（BEER）！

乾麵

娳白筍

炸肉

INFO ／延平大飯店
地址／新竹市北區延平路一段 240 號
營業時間／週六到週四 17:00-00:00；週五公休

北門炸粿

來到北門炸粿，門前早已排著長長人龍引頸期盼著，寫著「四代傳承、百年老店」的招牌頗有年代感，在等待同時，看著琳瑯滿目的炸物羅列眼前，一下子無法決定要點些什麼，乾脆全部點上一份吧！婆婆緩慢而熟練地夾起剛起鍋的炸物，一個個放入袋中遞給我，說道：「全部 89 元。」看我愣了一下，婆婆笑著說：「對，就是這麼便宜」。翻著剛拿到的炸粿，除了肉粿，還有炸芋頭片、炸地瓜片、蚵仔嗲、芋頭糕、米糕、蒜頭等，此外還附上一包紅色沾醬。肉粿和蚵仔嗲外型像是小巧的杯子蛋糕，味道鮮美、口感酥脆，尤其是炸米糕讓我又驚又喜，非常懷舊，彷彿是小時候拜拜會吃到的桂圓甜米糕，配上裹著麵衣的口感，可謂是一種能夠解饞又不會過度油膩的炸物點心。

INFO ／北門炸粿
地址／新竹市北區城北街 15 號
營業時間／週二到週日 13:30-20:30

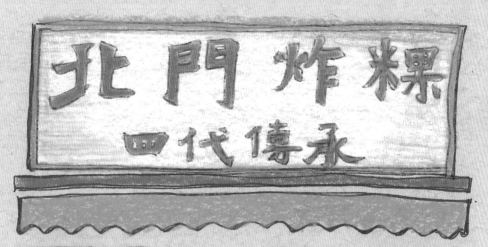

北門炸粿
四代傳承

肉粿	蒜頭	米糕	芋頭片	芋頭糕	地瓜片	蚵仔嗲
17	12	12	12	12	12	12

北門炸粿　　　　　百年老店

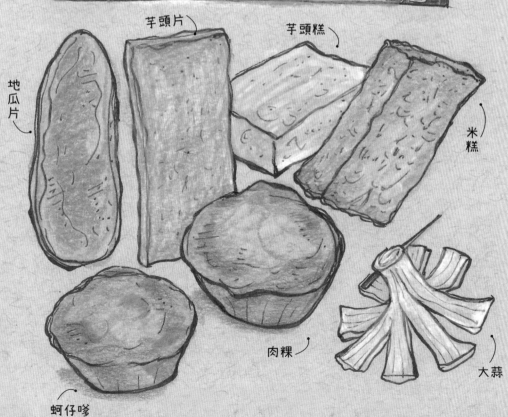

芋頭片

芋頭糕

地瓜片

米糕

肉粿

大蒜

蚵仔嗲

漁香甜不辣

　　入夜的東門市場小吃、餐廳林立，許多新興美食聚集於此。在熱鬧的市場內有一間傳承三代、超過百年的老店「漁香甜不辣」隱身在二樓，遺世而獨立般的低調吸引著慕名而來的饕客。老闆堅持以純正的鯊魚肉製作魚漿，不摻入其他雜魚或動物蛋白。店裡還有三種不同的甜不辣，有炸的還有煮的，分別為魚條、魚餅及添加雞蛋的魚棗；高湯內有白蘿蔔及油豆腐，淋上醬汁宛如關東煮的吃法。配上一碗包著豬肉餡的手工魚丸、貢丸、魚羹的綜合湯。不論魚漿或魚丸都吃得到富彈性的新鮮口感。

漁香

魚丸貢丸
魚羹湯

甜不辣

丸子

INFO ／漁香甜不辣
地址／新竹市北區大同路 86 號 2010 號東門市場 2 樓
營業時間／週一到週六 10:30-17:00

<美食路線>

城隍廟周邊

阿金糯米餃

　　朋友推薦早上可以到中央市場吃這間營業至下午兩點左右的「阿金糯米餃」。在複雜的小巷中穿梭，左轉右拐總算尋到這間隱藏的小吃店。老闆娘說早上六點來才吃得到手工現包橢圓形狀的糯米水餃，還有骨仔肉。點了一碗糯米餃、餛飩、貢丸、骨仔肉全加的綜合湯，用大骨熬的湯頭加上少許桌上的鹽水自行調味，喝一口，味道好極了。

　　店家標榜使用台灣豬，包著肉末的自製糯米水餃就如鹹湯圓般軟嫩，微黃色的鹼水皮餛飩有著彈牙的麵衣，配上骨仔肉、自製貢丸，便是一頓非常舒服的在地早點。餛飩與糯米餃也有盒裝販售，僅此一家七十年的老店，雖然沒有華麗招牌、華美店面，卻是市場內人人皆知的在地好味道。

糯米水餃　骨仔肉　貢丸

INFO ／阿金糯米餃
地址／新竹市北區西門街中央市場 44 攤
營業時間／週二到週日 07:00-14:00；週一公休

阿富魯肉飯

這間是我自己平時教課前會去吃的店家之一，最喜歡的就是滷肉飯，尤其是在肚子餓的時候，沒有什麼比大口扒一碗淋上肥美滷肉汁的飯更令人滿足的了。阿富滷肉飯偏油一點，加上一顆滷得夠味的滷蛋、滷豆腐、筍絲，若想要再豐盛一些，還可以加碗貢丸湯，簡單飽足的一餐。

INFO／阿富魯肉飯
地址／新竹市北區中山路 75 號
營業時間／週四到週二 11:00-01:00；週三休息

廟口鴨香飯

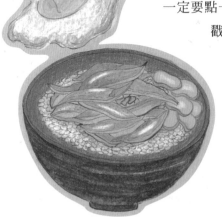

說到城隍廟美食，我第一個接觸到的大概就是鴨香飯：白飯蓋上鴨肉絲和些許的醃黃瓜。在地人說一定要點一顆半熟鴨蛋鋪在飯上，拌著吃才是內行。戳破蛋黃流入底層的飯粒中，夾著鴨肉、鴨油、蛋液的米粒，一勺舀起，豐富的鴨香米飯和著溼潤的口感是簡單又極致的美味。後來每到新竹，嘴饞就會去吃一碗再回台北。

INFO ／廟口鴨香飯
地址／新竹市北區中山路 142 號
營業時間／週四到週一 11:00-15:00, 15:30-21:00；
週二、週三休息

鴨肉許

　　另一間以鴨肉聞名的小吃店「鴨肉許（許二姐）」，除了在地人，連外地人都遠道慕名而來。一排排大桌子從店內排到店門外，每次都要眼尖才能找著空位。菜單品項很多，鴨肉飯、鴨肉炒麵、鴨肉湯、炒鴨血等，恨不得自己有五個胃可以收盡肚腹中。鴨肉炒麵很入味、口感溼潤；湯頭很鮮美，裡頭還擺放了豪氣的鴨肉塊，再點上一盤炒鴨血，醋溜溜又微辣的口味十分開胃！

貢丸湯

炒鴨血

鴨肉麵

INFO ／鴨肉許
地址／新竹市北區北門街 35 號
營業時間／每日 10:00-02:00

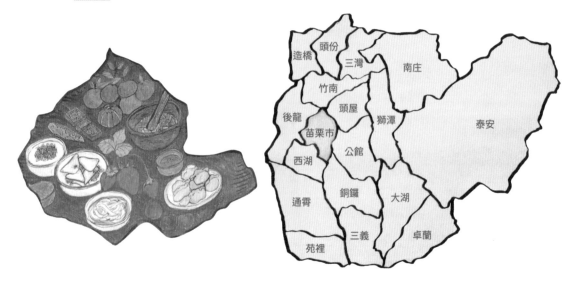

　　苗栗縣山地和丘陵占全縣面積百分之八十以上，是著名的「山城」。這縣為標準農鄉，各類農產豐富，像是大湖盛產草莓，除了可以體驗採草莓外，有些店家還會順勢推出各式各樣的草莓創意料理，如草莓便當、草莓香腸等。

　　以飲食記憶來說，我曾到過南庄老街吃桂花湯圓、到三義吃粄條、買皮滑肉嫩的水晶餃回家煮，體驗自己動手研磨濃稠飄香的客家擂茶，還有在以往重大節慶才可以吃到彈力十足的麻糬粢粑等各式客家代表性美食等。

　　苗栗多為客家族群，客家人為因應不同環境與季節變化，善於就地取用食材，並以晒乾或醃漬等方式來處理蔬果，進一步加工為醬料、菜乾等，延長食物的保存期限以求物盡其用。以客家「桔醬」為例，記得曾在客家餐館點了油雞，店家附上一碟金桔醬加醬油讓我們沾著吃，酸酸的口味非常開胃！

客家鹹豬肉

　　苗栗地區在飲食上可見許多迎合客家味的風味料理，重「鹹」、「肥」、「香」是客家美食文化三大特色。在調理的手法上，台灣客家人擅長以「炆、炒」的方式將有限的食材轉為多變菜色（如薑絲炒大腸、客家小炒等）。「炆」是指以大鍋、小火慢燉，維持湯汁沸而不滾，藉以留下食物鮮純原味的烹煮手法（如炆焢肉、炆筍乾）；「炒」是快速地以大火油炒，並以各種辛香料提味逼香所製作出的菜餚。不論是取得或保存食材的方式，或是料理烹煮的手法，台灣客家的食藉由「晒、醃、藏、鹹、油、香」的風味與口感，突顯了這個族群惜福的文化氣質。

梅干菜

水晶餃
Crystal Jaozi

　　我對苗栗小吃的第一印象大概就是水晶餃。上網一查苗栗有好幾家小吃店都可以找到水晶餃的蹤跡，像是「阿蘭姐小吃店」、「吳家水晶餃」、「第一佳水晶餃」等等。疫情期間託朋友從苗栗買一大包冷凍水晶餃，打算在家自己煮來吃。煮熟後依照自己的喜好簡單加上些許油蔥、醬油調味。第一次吃到手工做的客家水晶餃覺得驚訝，與一般火鍋料不同，呈半圓形而非水滴型，又稱三角丸。外皮口感較厚且更Q彈，牙口不好的人或許還會覺得不易咬斷。其外皮大多以樹薯粉、太白粉製作，餃皮滑溜扎實，內餡以新鮮豬後腿肉搭配芹菜、油蔥等經典客家配料。在店內吃通常可以選擇湯的或乾的，但我更好奇各店家的獨門醬料調味，因為自己在家調的醬料總是跟在店內吃到的不同啊。

INFO／阿蘭姐小吃店
地址／苗栗縣苗栗市新苗街 61 巷 49 號
營業時間／每日 06:30-12:30

INFO／吳家水晶餃
地址／苗栗縣苗栗市米市街 89 號
營業時間／每日 06:00-11:30

INFO／第一佳水晶餃
地址／苗栗縣苗栗市新苗街 61 巷 7 號
營業時間／週二到週日 05:30-12:30；
週一公休

江技舊記餛飩店

　　來到苗栗市水上人家著名的客家美食街，嘗嘗在地朋友推薦的店家，沒想到一間餛飩小吃竟還有專屬停車場，甚至停滿位。常被當成配角的餛飩在江技舊記成了主角；如水餃一般大顆的尺寸，有乾餛飩或湯餛飩（一份八顆），厚實的餛飩皮、吃得到肉香，還有夠味的湯頭，在天冷時來上一碗感到異常滿足。店家附有特製醬料，可以自行取用。店裡還有肉圓、炒麵、熱狗、水晶餃等品項。

INFO ／江技舊記餛飩店
地址／苗栗縣苗栗市新苗街 88 號
營業時間／每日 10:00-20:00

湯家大肉圓

　　從七十年老店門口玻璃探向店內，水藍色的牆面和花塑膠桌布就像在阿嬤家吃飯一樣。排隊的同時驚見一顆顆如大肉包般大小的白色肉圓正在油鍋裡載浮載沉，份量大概是一般肉圓的兩倍大。接下來的畫面更讓我驚奇，阿姨從一旁倒入筍丁至油鍋中，將肉圓撈出後，放到碗中剪開，再從油鍋裡撈一匙筍丁塞進肉圓皮內，接著撒上韭菜、淋上像是醬油色的醬料。除了作法與一般常見的不同之外，連醬料也不同於其他肉圓常見的米醬，是客家韭菜的醬料口味，較鹹且帶有一些酸筍味。後方廚房早已擺著一盤一盤煮熟的肉圓，先煮後炸，皮較厚；肉圓皮裡面是一片片的豬肉塊夾雜一些筍丁、豆干。

　　除了肉圓，招牌還有冰品、肉羹，以及「熱狗」（一份五條）。「熱狗」其實是黑輪，裡頭含紅蘿蔔碎末，加上韭菜、番茄醬搭配著。據說因取名為熱狗比較好賣，久而久之黑輪就成了苗栗的熱狗了！

INFO ／湯家大肉圓
地址／苗栗縣苗栗市中山路 713 號
營業時間／週三到週一 09:00-14:00；週二公休

粄條（面帕粄）
Bantiao（Flat Rice Noodles）

「粄條」是台灣客庄最經典的平民美食，吃法多變，可煮成粄條湯、乾拌或炒燴。「粄條」首先用純米磨漿，倒入特製的大鍋或蒸盤，經蒸熟後置涼，取出攤平，然後裁切成一條條晶瑩透白的米麵條。因為攤平的「粄條」像極純白的手帕或毛巾，南部六堆地區的客家人給它起了個有趣的名稱，叫做「面帕粄」。

金榜麵館

第一次跟家人去三義便指名要吃「金榜麵館」，偌大的店面坐滿了人，店內還有許多木雕裝飾。店裡的粄條有湯的、有乾的，再切一些小菜搭配。粄條口感特別Q彈滑順，非常新鮮，每碗份量也很多，難怪座無虛席。

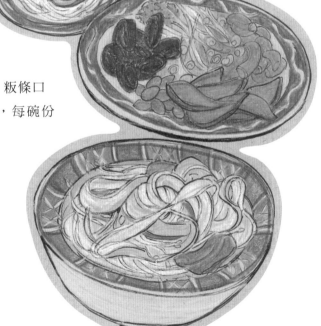

INFO／金榜麵館
地址／苗栗縣三義鄉中正路 170-7 號
營業時間／每日 07:00-20:00

台灣客家米食文化

　　台灣人多以種植稻米維生，客家人亦不例外。稻米的豐收象徵著生活的安定和對未來的希望，因此每到豐收時期，客家人特別感恩珍惜，他們的米食文化即是在這樣的態度上發展起來，並與禮俗及信仰產生密不可分的關係。

　　為新生兒祈福酬神的新丁粄、在嫁娶儀式中與親友們分享的甜口點心粢粑，或是在節慶或廟埕活動中少不了的湯圓等，均在獨特的文化意義或族群精神之中注入一道道滿足的滋味，讓食的文化與台灣客家精神緊緊結合在一起。

　　客家人對米食格外講究，用米製成各式各樣的「粄」，例如「蘿蔔粄」、「芋頭粄」、「粄條」、「水粄」、「九層粄」、「粄圓（湯圓）」等，除了耐飽易保存，也方便攜帶食用。

水粄
Rice Bowl Cakes

水粄類似碗粿。但碗粿是將餡料（多為香菇、肉燥、紅蔥頭，並搭配醬油膏吃）拌進米漿裡，連碗一併放進「籠床」蒸熟。水粄則是將米漿、餡料分開，餡料多為菜脯、豆干、碎肉、蝦米等，想豐盛點會再加入韭菜，炒熟後鋪在白色的粿上面，搭配蒜蓉醬。

水粄耐久藏，食了耐飽，從前客家小孩以水粄來代替母奶就是這道裡；農忙時也可作為點心食用。如遇陰雨綿綿的日子無法上工，就會在家蒸水粄來吃。

甜水粄

水粄

不同粄意義

除了水粄，客家人過年還會吃「甜粄」來討喜氣。常見的「甜粄」用來米漿加黑糖製作。因為「甜粄」的形狀多為圓形，吃起來甜甜的，有團圓、圓滿的意思。

此外，新生兒誕生，客家人也會用米製作「紅粄（新丁粄）」酬謝神明和祖先，同時和親人朋友一同食用，分享喜氣。

粢粑
Peanut-Coated Sticky Rice Balls

　　亞洲國家大部分都有將糯米搗製成甜點「麻糬」的習慣,台灣客家人將這個甜點稱為「粢粑」。傳統做法與吃法有兩種:第一種是將糯米磨成漿,擠去多餘的水分,蒸熟然後用竹棍加以攪拌,或是第二種用杵臼槌打增加黏度,完成後捏成一小塊一小塊,沾些花生粉或糖粉即可食用。

古早味擂茶坊

在南庄老街附近的「古早味擂茶坊」，可以體驗自製擂茶和粢粑。擂茶的顏色和日本抹茶有點相像，都是比較濃稠的飲品，通常只有貴賓到訪的時候才會端出來。

自製擂茶需要預備陶缽跟木棒，將茶葉、花生、芝麻等原料先用木棒研磨成非常細的顆粒狀。在我們好幾個人輪流、耗時耗力、不斷接力的努力下，好不容易將缽中的穀物從顆粒狀磨成粉狀，但老闆說還不夠，要磨到穀物直至些許出油、呈現墨綠色膏狀為止。

手酸眼花終於達到標準，店家沖入熱水調勻，最後加入米香後分碗，以小湯匙食用。吃起來非常的香，不僅可以充飢、解渴，還兼具保健養身的功效。難怪客家擂茶與東方美人茶（白毫烏龍）、酸柑茶並列為客家三大茶。

INFO ／古早味擂茶坊
地址／苗栗縣南庄鄉東村 17 鄰南庄 109-6 號
營業時間／週四到週二 10:00-17:00；週三公休

客家三大茶之二

· 東方美人茶

美人茶喝起來有一種獨特的果香，茶湯呈現琥珀色。據說，日據時期英國商人把這個茶獻給女王品嚐。女王一喝大為驚豔，心想東方畫作中的女子應該就是喝了這種養顏美容的茶才會如此美麗，於是稱為「東方美人茶」。

· 酸柑茶

虎頭柑果肉非常酸，根本不可能食用。但客家人勤儉，不願意浪費食物，於是將果肉挖出來，與茶葉、紫蘇、甘草等混合，經過許多工續，差不多花費半年時間製成酸柑茶。據說具有治咳、化痰、解熱的功效。

台中

　　對於台中的印象是道路寬闊、店面很大、很豪氣,如五權西四街上林立各式獨棟複合式餐廳,有火鍋、燒烤、各種中式、法式、西式……應有盡有。

　　繁華的都市街道中有綠川、柳川水道貫穿,還有勤美商圈綠園道、草悟道等綠地相間,並連結科博館、植物園、美術館,能讓人感受大都市中舒適的居住環境。從中正路至中港路,是日治時期留下的棋盤式都市設計:整齊街道的規劃,以台中火車站所在的中區為中心擴散開來。許多傳統美食聚集在此,像是老字號的太陽餅家、宮原眼科、移工聚集的東協廣場、各式熟食聚集的第二市場,和台中公園周邊學生聚集的一中夜市。向外至精明一街商圈、台中國家歌劇院附近的七期重劃區、逢甲商圈、東海商圈,一路銜接到台中港,均顯示出台中的繁榮演進方向。

常來到好友的巧克力工作室串門子，附近有許多老字號美食集散於這條街區；在步行距離內就有美食選擇，像是創於 1978 年的「范記金之園草袋飯總店」、「瑪露連嫩仙草」、「洪瑞珍」、「東東芋圓」、「未名酸梅湯」。

羅氏秋水茶

提起「秋水茶」的名號，老台中人幾乎無人不曉。羅氏秋水茶本鋪位在窄窄的東區練武路上。創辦人羅漢平以祖傳祕方加上南投春茶的烏龍茶，熬製清涼退火的秋水茶；堅持古法工序：日晒、熬煮、原汁、人工，製作費時費工，因此無法大量生產。檳榔攤、小吃攤、雜貨店原是秋水茶最早的通路，台中以外雖也可以買到羅氏秋水茶，但只有鐵罐包裝，台中才是傳統鋁箔包。鐵罐包裝必須經過高溫殺菌所以配方稍許不同，到台中來不妨試著找找看這流傳七十年的古早味鄉土飲料，體驗傳統的茶飲文化。

INFO ／羅氏秋水茶
地址／台中市東區練武路 285 號
營業時間／週一到週三、週五、週六 09:30-18:00、週四 09:30-17:00；週日公休

烤肉沙拉店

　　這是在地人推薦的老店，也是長輩年輕時的回憶。店裡仍保有老舊泛黃的菜單燈箱，除了招牌炭烤的烤肉沙拉必點之外，還有魚蛋沙拉和章魚沙拉等不容錯過，均有附上高麗菜絲、馬鈴薯泥，以及一大坨店家自製的美乃滋，可以搭上梅乾菜菜飯、蒸蛋、味噌湯一起吃！

　　記得去用餐時，看到滿頭白髮、年邁的老闆娘仍打扮整齊坐在店裡收帳，出餐前更會親自「品管」，服務人員才打包起來，這個畫面是烤肉沙拉店留給我最深刻的回憶。可惜老闆娘 2023 年初過世，老店宣布永久停業了。

味噌湯

章魚

魚蛋

烤肉

菜飯

茶碗蒸

烤肉沙拉店

英才大麵羹

　　台中友人興致勃勃地帶我品嘗他小時就愛吃的大麵羹。小小一碗大麵羹配上滷味、紅糟肉、炸韭菜條，包覆滿滿新鮮韭菜的炸物，其視覺與味覺上都很不錯。主角大麵羹上桌，深色的羹湯裡飄浮著吸附了飽足湯汁的發胖麵條，灑上滿滿的油蔥、韭菜，看起來相當美味，正好奇地拍照記錄，友人早已呼嚕呼嚕一勺一勺大口吃下肚。

　　吃下第一口，口感就像是羹湯融合浸泡許久的軟爛麵體，再試一口便清楚知曉這不是我的菜了。趕緊配上羅氏秋水茶解解膩，成為剛剛好的救贖。對朋友來說，這是從小記憶中的美味，放學後吃上一碗大麵羹盡是滿足的記憶。但對於我來說，卻是一頭霧水，不懂美味何在？雖說口味不合我胃口，但的的確確是不曾在其他地方嘗過的風味，味道能留存至今，想必有其值得擁護的理由。

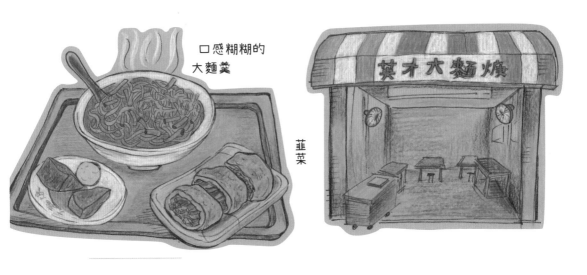

口感糊糊的
大麵羹

韭菜

INFO ／英才大麵羹
地址／台中市北區英才路 215 號
營業時間／每日 09:00-17:30

高林鐵板燒

　　我從小就很喜歡吃鐵板燒，肚子餓的時候，就到夜市的連鎖鐵板燒點上一份，一碗白飯配上一肉兩菜的組合，就是我的 comfort food。洋蔥炒牛肉加上黑胡椒炒豆芽菜、高麗菜是我最常選的組合，若想吃好一點，可再加上一塊奶油煎鱈魚就超級滿足。除了食物美味可口外，還可以目睹食物被料理的過程，看師傅表演式地用兩支鐵鏟在鐵板俐落地切、炒、翻、煎，大呼過癮。

　　來到台中這間老字號「高林鐵板燒」，餐廳內座位區有好幾位身著廚師服、戴高帽的廚師在料理台前服務。這裡除了一般常見的各式炒肉片之外，亦有豪華的牛排、海鮮全餐供選擇。為什麼鐵板燒的配菜總是豆芽菜跟高麗菜呢？師父說除了成本考量外，主要是這兩樣沒有季節的限制。此外，餐點還附湯、飲料，及甜點煎香蕉或煎芋頭。享用甜點的時候，替我們料理的林師傅拿出幾罐加了色素的麵糊，沒幾秒便已在鐵板上反向畫了一隻米老鼠，並寫上「平安是福」；這是他自己練習多年的手藝，只為替客人增添另一番用餐的樂趣！至今令我記憶深刻。

INFO ／高林鐵板燒

地址／台中市西區健行路 1006 號

營業時間／每日 11:00-21:30

木瓜牛奶烤土司

　　說到宵夜，我特別推薦到中華夜市買「木瓜牛乳烤土司」。這條街有好幾家賣木瓜牛乳加烤土司這種類似早點的組合，卻只在傍晚開始販售，作為點心或宵夜。開了六十幾年的「陳家牛乳大王」，除了木瓜牛乳搭烤土司很是稀奇之外，就連「阿斗伯冷凍芋」也有販售烤土司的選項；這對我來說絕對是一種奇觀。

　　為什麼木瓜牛奶會搭配烤土司啊？我好奇詢問了陳家牛乳大王第三代老闆，老闆回答：以前阿公開始就這樣賣了，是學生下課後會吃的點心。就這樣從下午開始一直賣到凌晨，形成中華路夜市人人一口木瓜牛乳、一口烤奶油吐司的獨特宵夜景觀。好奇之下買了兩家木瓜牛乳來做比較：「陳家牛乳大王」vs.「龍川木瓜牛乳」。同樣原料，口味卻大不相同，一家有著濃郁的木瓜口感，另一家則是奶香味較重，各自有擁護者，一次喝完兩杯也是飽到快滿出來了。

INFO ／龍川冰菓室
地址／台中市中區中華路一段 96 號
營業時間／週四到週二 18:00-22:00；週三公休

牛乳大王

烤土司麵包

牛乳木瓜汁

木瓜牛乳

烤吐司

陳
正老牌

冷凍芋 阿斗伯 綠豆湯
烤土司 冷豆花

冷凍芋

INFO ／陳家牛乳大王
地址／台中市中區中華路一段 115 號
營業時間／每日 16:00-02:00
INFO ／阿斗伯冷凍芋
地址／台中市中區成功路 356 號
營業時間／週四到週一 14:30-00:30；
週二、三公休

豐仁冰

　　一中商圈的豐仁冰可以說是附近學生們的共同回憶。攤車上只寫著招牌豐仁冰，以及平日限定的乾的豐仁冰兩種選項，冰沙跟冰淇淋的比例不同，但基本都是用自製酸梅汁調味的粗粒碎冰沙，覆蓋淡淡汽水風味的牛奶冰淇淋球，搭配用紅糖熬煮十二小時的蜜花豆，酸甜滋味交錯，極富古早風味。

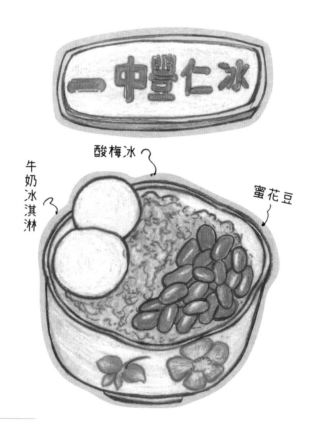

牛奶冰淇淋

酸梅冰

蜜花豆

INFO ／豐仁冰
地址／台中市北區育才街 3 巷 4-6 號
營業時間／每日 11:00-22:00

春水堂

　　手搖茶飲文化的前身即泡沫紅茶店。說到泡沫紅茶，立馬想到「春水堂」。小時候每次來台中，媽媽都會特別帶我跟妹妹到這吃東西，這裡是逛街逛累了可以小歇片刻的好去處，有各式飲料、小點到正餐麵食都有。可能是錯覺，這樣一大杯用厚玻璃杯裝的珍珠奶茶感覺特別好喝，吸吮著珍珠，配上鹹香滷味，吹著冷氣聊天休息，大人小孩所需一次滿足。

珍珠奶茶

豆干
米血

INFO ／春水堂四維創始店

地址／台中市西區四維街 30 號

營業時間／每日 08:00-22:00

萬家黑白切

除了木瓜牛乳烤土司之外，也特地去吃「萬家黑白切」。這間店位在巷弄的一個角落，幾乎看不到店名，在夜晚中亮著微微的燈火。菜單上有炸類的燒肉、豆腐、香腸、雞捲；川燙類的章魚、豬心、粉腸、隔間肉，這些食材也可以做成湯類，像豬心湯、粉腸湯、隔間肉湯等。切幾個小菜再搭上一碗十元的肉粥或豬油飯，就是很豐盛且十分平價的宵夜了，難怪在地人都愛吃。

肉粥

豆腐

豬油飯

紅燒肉

INFO ／萬家黑白切
地址／台中市北區光大街 102 號
營業時間／週一到週六 18:00-02:00；週日公休

美食路線

第二市場周邊

自己對台中不算陌生，但跟著在地人總能嘗到不一樣的美食。友人帶我來公有第二零售市場吃早點，第二市場的門口有匾額與畫滿台中小吃的壁畫讓人覺得新奇。記得第一站便是「王家菜頭粿糯米腸」，點了俗稱三樣的「菜頭粿、糯米腸、加蛋」，淋上特製醬汁，另外加點一份芋頭粿，絕對十分飽足、厚實。可以的話，建議順便到隔壁買一杯「老賴紅茶」，古早味紅茶清涼解渴，不僅對味也增添了傳統的風味。我們還品嘗了市場內的百年老店「顏記肉包餛飩湯」，小小顆的餛飩非常入味。

古早味
紅茶

特製醬

菜頭粿
加蛋

老賴紅芳

糯米腸

INFO ／王家菜頭粿糯米腸
地址／台中市中區三民路二段 87 號
營業時間／每日 06:30-18:00
INFO ／老賴紅茶
地址／台中市中區三民路二段第二市場 7180
營業時間／每日 07:30-18:00

INFO ／顏記肉包餛飩湯
地址／台中市中區三民路二段 103 號
營業時間／週三到週一 08:00-17:00；
週二公休

第二市場內部像迷宮一樣大，主體建築屬三翼放射狀建築型態，中央內部為六角樓形狀，有一個柱子指標方向。裡頭也有許多隱藏的店家，這裡原是日治時期的新富町市場，主要販售精美高價的貨品，像是高級水果店、裁縫店，還有賣日貨的柑仔店。第二市場是日治時期許多太太來逛街的地方，有些店還留存至今。

來到「山河魯肉飯」，點一碗「魯肉飯」。這裡的「魯肉飯」是一整塊爌肉的爌肉飯。客人可以自由選擇要肥一點還是瘦一些的部位，有腿庫肉或三層滷肉，肉被燉煮至筷子一剁就散開；口味屬於較清淡的調味，搭上醬瓜，可謂是不油膩又實在的美食。至於晚間營業的「李海魯肉飯」，可依照個人喜好的口味、或是不同時段來也有不同選擇。

市場內還有好多小吃，在「三代福州意麵老店」吃乾意麵與綜合魚丸湯，還試了市場外圍的「陳家水晶餃」，在店家自製的水晶餃淋上特調醬汁，加上一杯用天然愛玉籽做的「吉鋒檸檬愛玉」，原本陌生的第二市場，現在多了一份親切感。

INFO ／山河魯肉飯
地址／台中市中區公有第二零售市場
營業時間／週四到週二 05:30-15:00；
週三公休
INFO ／李海魯肉飯
地址／台中市中區三民路二段 85 號 98 攤位
營業時間／週四到週二 16:00-03:00；
週三公休
INFO ／三代福州意麵老店
地址／台中市中區三民路二段 1-7 號
營業時間／週間 10:00-16:30、週六到
週日 10:00-17:30；週三公休

INFO ／陳家水晶餃
地址／台中市中區三民路二段 71 號
營業時間／每日 08:00-16:30
INFO ／吉鋒檸檬愛玉
地址／台中市中區三民路二段 99 號
營業時間／週二到週日 09:00-17:00；
週一公休

四季春甜食店

走出市場外圍，步行至光復路與興中街的轉角處，一棵榕樹下有個不起眼的小攤子隱身於此，不仔細看不知道這是間冰店。走進一看，老舊的招牌上寫著「四神冰」、「四神湯（甜）」，馬上吸引我的目光。四神冰的內容物包含百合、膨大海、薏仁、洋菜、綠豆，這種組合在一般冰店中不太常見（四神湯也是一樣的內容物，只是被做成熱的湯品）。

四神冰

老闆繼承了媽媽的冰店，老先生得意地拿出以前用的陶碗，是一只特別訂製、底部還有署名的碗。以往在第二市場內大家均共用座位區，客人會在市場內點不同攤位的食物共食，店家也樂於共享，遂用標記店名的陶碗，方便店家回收；可惜往日那種人與人之間的情感已因時代演變漸漸疏離了。在酷熱的天裡吃冰，在寒冷的天中喝熱甜湯，真希望這種單純清甜的好滋味可以一直存在。

INFO ／四季春甜食店
地址／台中市中區光復路 108 號
營業時間／週二到週日 13:00-20:00；週一公休

天天饅頭

　　第二市場外不遠的小巷子口有間賣手工現作的炸甜饅頭「天天饅頭」。看著老先生熟練的手勢，將紅豆餡包入麵團中，再壓扁成一顆一顆的小饅頭，下油鍋炸不久漸漸膨脹浮起，起鍋後一顆顆新鮮現炸好的金黃色紅豆饅頭就完成了。小饅頭每粒五塊錢，在地人幾乎都是一袋一袋買。一小口一小口的炸饅頭吃了沒有什麼負罪感；很多學生也會在放學後買來當點心吃！

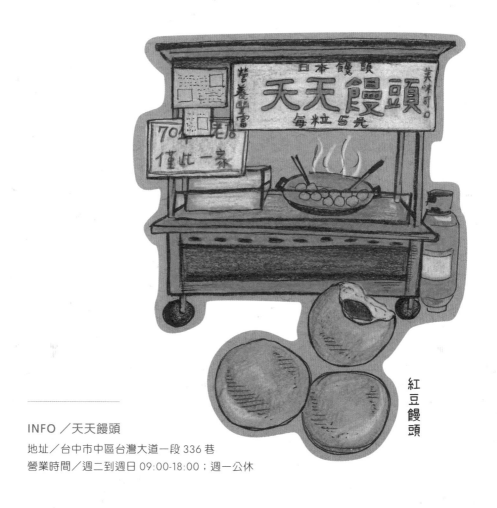

紅豆饅頭

INFO／天天饅頭
地址／台中市中區台灣大道一段 336 巷
營業時間／週二到週日 09:00-18:00；週一公休

坂神本舖長崎蛋糕

　　內行的台中人都知道，到第二市場逛街前可以先到位於台灣大道上將近五十年老店的「坂神本舖長崎蛋糕」，預訂每日現做的長崎蛋糕，指定時間再回來領取。剛出爐熱騰騰的蜂蜜蛋糕放在閃著金色光澤的長型盒子裡，繫上綁花的緞帶，在手中溫熱溫熱的感覺，口感綿密，似乎可以吃到蜂蜜的香甜味道。

　　其實傳統的長崎蛋糕配方只有三種原料：雞蛋、糖與麵粉，並沒有蜂蜜呢。但烘烤過的蛋糕表面色澤金黃，靜置冷卻後，甜味散布至整個蛋糕體，猶如蜂蜜般香甜；傳入台灣後有些店家添加了蜂蜜的做法，所以長崎蛋糕才會被誤會是蜂蜜蛋糕。長崎蛋糕稱作 Castella，起初是在 16 世紀由葡萄牙傳教士引入日本長崎，1960 年代末傳入台灣，為無添加蜂蜜的傳統作法，今亦成為很受歡迎的台中伴手禮。

蜂蜜蛋糕

INFO／坂神本舖長崎蛋糕
地址／台中市中區台灣大道一段 388 號
營業時間／週二到週日 09:00-19:00；週一公休

南屯

麻芛
Nalta Jute

　　一直久聞「麻薏」是台中的獨有特色小吃，卻苦無機會品嘗：它有季節性，通常夏季才有，而且多在早市裡販售，不容易見著。直到遇見寶螺夫婦才有機會嘗試。

　　寶螺夫婦以製醬的方式來梳理台灣味的脈絡，聽他們陳述自己對台灣飲食的觀察，聊聊中部的飲食特色，並熱情的準備了南屯的特色小吃：麻薏湯，又稱為「麻芛」，給我試試。

麻芛薏

地瓜（甜）

魩仔魚（鹹）

黃麻嫩芽（苦）

133

一早從市場買回來一鍋綠綠稠稠的湯，摻著些許魩仔魚，還有黃色的地瓜塊。他們說綠色的麻薏來自黃麻的嫩葉及嫩芽。黃麻又稱苦麻，沒有仔細處理的話吃起來會非常苦，所以製作過程需要經過挑葉、搓揉去除苦汁和黏液後，再熬煮、勾芡而成的湯。

初嘗的確有種苦甘苦甘的味道，有點像小魚莧菜羹的口感，但多了微微的苦味。帶有甜味的地瓜中和了麻薏的苦恰到好處，口味清爽；溫溫涼涼的時候喝也很適合，亦有人會將它冰過後再喝。

據說麻薏有消暑降火的功效。以前種植黃麻的農人在物資缺乏的年代，將製作麻繩剩餘的部位拿來熬煮成湯。除了作為農事之間的消暑點心，加入魩仔魚跟地瓜還能增加飽足感。早期台灣紡織業發達，為了製造麻布、麻繩等用品，當地鼓勵種植。後期產業轉型，黃麻的經濟作用退場，地方上仍保有「麻薏」這種獨特的飲食文化。可惜的是，現今食物選擇多元、這種手續繁複的古早小吃也越來越少人製作了。

南屯地區還有「麻芛文化展示館」供參觀，除了麻芛湯，也延伸出其他吃法：如將麻薏烘乾磨成粉加入糕點中，老糕餅店「林金生香」就製作出蔴薏口味的狀元糕、太陽餅等。此外，這裡還可以享用各種以麻芛為主所製作出的蛋糕、甜點、冰淇淋、創新飲料等，將傳統的食材轉化成更多元的形式，讓年輕族群藉由體驗認識它，也讓更多人有機會認識流傳至今的飲食。

INFO ／麻芛文化展示館
地址／台中市南屯區萬和路一段 56 號
營業時間／週六到週日 08:30-12:00, 13:30-17:00；週間公休

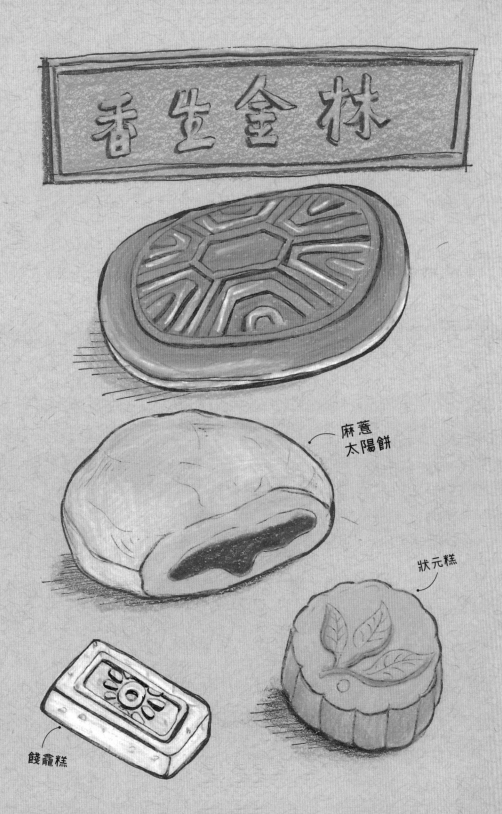

林金生香

麻薏
太陽餅

狀元糕

餞龕糕

豐原廟東夜市

炒麵、豬血湯

　　豐原主要以廟東夜市周圍為美食聚集地，朋友帶我一嘗豐原特色的早點組合「炒麵＋豬血湯」，飽足的份量作為工人早晨的能量來源。炒麵一定要淋上來自台中的東泉辣椒醬才夠道地。回程前還特地在路上的柑仔店買了一罐包裝復古可愛的東泉、源美辣椒醬作為伴手禮。

菱角酥

廟東夜市的美食簡直不勝枚舉，一路嘗了老字號蚵仔煎、排骨酥湯、鳳梨冰，邊逛邊吃超飽。但還是不能錯過夜市口的菱角酥，一顆顆現炸金黃，一口咬下酥脆的外衣，內裹著脆脆的白色菱角塊，買一大包回去作為零嘴，即使放涼也很美味。

菱角酥

25元6粒
35元9粒
50元13粒
100元27粒

INFO ／廟東菱角酥
地址／台中市豐原區中正路 167 巷 1 號
營業時間／每日 12:00-23:00

📍 彰化

彰化美食第一個映入我腦海的大概就非肉圓莫屬了，但若問彰化在地人，什麼是最具地方代表的美食，我得到最多的回覆卻是「爌肉飯」。

跟隨在地朋友先後來到了彰化市、鹿港鎮、王功漁港，途經員林、北斗……先撇開口味不說，光是大致瀏覽，就已讓我見到許多聞所未聞的景象。

來到員林第一市場，大致上看起來與一般麵店差不多，但再仔細看，菜單板上寫著「拉仔麵」，我一頭霧水，思索著是什麼意思？直接點一碗「拉仔麵」嚐鮮。麵一上桌，原來是切仔麵！在員林地區稱作拉仔麵。「火拉仔麵」是 1947 年開業的老店，賣米苔目與拉仔麵；麵條使用油麵加上大骨熬煮的湯頭，僅簡單使用韭菜、油蔥提味。

這讓我體會到即使在小小的台灣，不僅口味有別，類似的小吃名稱也因地而異。來到王功漁港，燈塔前一望無際的蚵寮，除了可以體驗摸蛤仔、採蚵仔外，也可到附近「巷仔內蚵仔炸」吃新鮮的「蚵仔炸」，也就是蚵嗲。

再一例，曾在鹿港看見老店的招牌上寫著「肉粿」，連發音都不會的生字，原來指的是肉圓！

在鹿港的小吃店還可以看見老招牌上寫著「肉粿」這品項，原來在這肉圓稱為「肉粿」，「粿」國台語都念作ㄏㄨㄟˇ。因肉圓是由肉圓皮包著裡面的肉塊餡料，形狀很像「回」這個字，鹿港「大頭肉圓」的老招牌也寫著淡淡的肉粿。

在地人分享：彰化肉圓店各有特色，有一般常見外皮 Q 的「阿章肉圓」、包肉絲的「燒肉圓」、酥炸外皮的「阿三肉圓」及「北門口肉圓」。另外也有像「北斗肉圓生」手捏型的肉圓，光是外觀形狀就很不一樣了。原來光是彰化的肉圓就分這麼多陣營與口味，真是大開眼界！

北斗肉圓生

INFO ／火拉仔麵
地址／彰化縣員林市博愛路 17 號
營業時間／週五到週三 07:00-14:00；
週四公休

INFO ／巷仔內蚵仔炸
地址／彰化縣芳苑鄉仁愛巷 3 號
營業時間／週二到週五 10:00-17:00、
週六到週日 10:00-18:00；週一公休

INFO ／阿章肉圓
地址／彰化縣彰化市長安街 128 號
營業時間／週三到週一 10:00-18:30；
週二公休

INFO ／燒肉圓
地址／彰化縣彰化市東民街 89 號
營業時間／每日 10:30-16:00

INFO ／阿三肉圓
地址／彰化縣彰化市三民路 242 號
營業時間／週二到週日 10:30-19:00；
週一公休

INFO ／北門口肉圓
地址／彰化縣彰化市中正路一段 494 號
營業時間／每日 11:00-19:00

INFO ／北斗肉圓生
地址／彰化縣北斗鎮中華路 192 號
營業時間／週間 09:00-19:00、
週六 08:30-20:00、週日 08:30-19:30

辣醬

炸酥酥的肉圓

北門口肉圓

　　彰化的酥炸肉圓大概是我吃過最難忘的肉圓，來到「北門口肉圓」店門口，看到攤位上一顆顆炸至金黃色的肉圓，只見老闆在油鍋前滿頭大汗，表情嚴肅認真地炸著肉圓。記得當時正值夏天，在旁等餐就能感受到迎面而來的熱氣，著實佩服頂著大太陽還能執著做出美味的店家。

　　酥炸式的肉圓在北部並未見過，小時候在台北住家附近吃的都是低溫油炸肉圓，以為就是肉圓應有的樣貌，原來還有高溫油炸的作法啊。肉圓上桌，淋上橘紅色的醬汁，騰著熱氣，剝開已剪開的外衣連著肉餡吃，口感脆嫩到耳際都能聽見卡滋卡滋的聲響，簡直人間美味，相見恨晚！一吃上癮，難忘至今！邊流汗邊將美味送入口中。

爌肉飯
soy-stewed Pork with Rice

　　早期彰化地區務農人家多，需要大量體力，因此從早餐就要吃飽吃好。不只早餐桌上有爌肉飯可以吃，從早餐到宵夜；彰化可以說是一座 24 小時都能吃到爌肉飯的城市，每位彰化人心中都有一家自己覺得最好吃的爌肉飯，俗話說：「青菜蘿蔔各有所好」，從「阿章爌肉飯」、「泉控肉飯」、「Ａ古控肉飯」，或白天開的「魚市爌肉飯」和只在晚上開門的「魚市場爌肉飯」⋯⋯等。

　　我第一次到彰化時完全沒有吃爌肉飯，當時內心覺得這全台都可以吃到啊，應該差不多吧？聽在地友人細說才知道不一樣，有些加了甘蔗、有些可能加了蛤蜊等，鹹甜鹹甜的回甘，每間店也都有各自的滷汁祕方。彰化的爌肉飯通常沒有配菜，只有飯和肉。爌肉是一大塊像方形的三層肉，以竹籤插著，呈半圓形，除了怕肉散掉之外，也把不同肥瘦比例的爌肉串在一起。

INFO ／阿章爌肉飯
地址／彰化縣彰化市南郭路一段 6 號
營業時間／週四到週二 11:00-13:30,
16:30-00:30；週三公休

INFO ／泉控肉飯
地址／彰化縣彰化市成功路 216 號
營業時間／每日 07:00-13:30

INFO ／Ａ古控肉飯
地址／彰化縣彰化市民族路 503 號
營業時間／每日 17:00-22:00

INFO ／魚市爌肉飯
地址／彰化縣彰化市華山路 248 號
營業時間／週三到週日 06:00-13:30；
週一、二公休

INFO ／魚市場爌肉飯
地址／彰化縣彰化市中正路二段 320 號
營業時間／週一到週六 16:30-22:00；
週日公休

彰化素食

　　第一次來到彰化市區，好友帶我去的第一站竟然是彰化素食，一開始我有點狐疑，為何我要大老遠來吃素啊？

　　這間店門口不大，但有一鍋鍋滿滿像是炒豆干的炒料。一碗大麵條配豆皮豆包湯，加份米糕跟炸豆包，吃下第一口就為之驚豔，跟想像中的素食味道很不一樣，脆脆的豆包外衣包著滿滿香菇、豆干的餡料（應該就是門口看到的那些）。再喝一口豆皮清湯，吃一口炒麵跟米糕，味道簡單美味。另有素肉圓的選擇，適合不想吃太油、沒有胃口時享用的在地味道，是極為舒服的一餐。

豆皮湯

INFO ／彰化素食
地址／彰化縣彰化市長安街 117 號
營業時間／週三到週一 07:00-19:30；週二公休

黑肉麵排骨飯

　　這家老字號黑肉麵需要先預定，免得晚餐時刻未到卻早已賣光。這裡的招牌菜就是先炸再滷的排骨，叫做黑肉，醬色光澤看起來相當入味，燉煮到筷子一切就瞬間劃開，配上酸菜真的可以吃上好幾碗飯呢。還有令人驚豔的排骨芋，清澈的排骨湯及煮至爛透的塊狀芋頭，口味絕妙；湯頭夾著芋香，還有蒜頭的香氣，成了令人難忘的味道，忍不住再多喝了一碗。如果我住彰化，應該會忍不住天天來報到啊！

芋頭排骨湯

滷排骨

黑肉麵

INFO ／黑肉麵
地址／彰化縣彰化市孔門路 15 號
營業時間／週三到週日 10:30-19:00

糯米炸

花生粉
糯米炸

儘管已經飽到不行，朋友仍興奮地說，一定要吃吃看彰化的糯米炸，便領我們到巷口的一個攤位前，大喊：「老闆我要一份糯米炸！」我一邊等一邊好奇地想著到底什麼是糯米炸啊？當拿到這袋熱騰騰剛炸好、裹著糖粉、花生粉的糯米炸，會心一笑，這不就是台南的白糖粿！不同的是除了糖粉還多了花生粉的香氣，口感類似炸麻糬，酥甜外衣包著軟嫩Q彈的夾心。

INFO／堂記糯米炸
地址／彰化縣彰化市長安街 146 號
營業時間／週一到週日─ 09:00-21:30（不定公休）

銅鐘圓仔湯

　　炎熱的夏天，吃飽步行到永興街巷內的「銅鐘圓仔湯」，店內只擺了兩、三張鐵桌椅，黃色的招牌上簡單寫了芋仔蓮子湯、薏仁綠豆湯、紅茶等項目，這可是在地人熟悉的味道。老伯伯親自熬煮蓮子、芋頭，雖然是很簡單的食材，卻可吃出多年經驗累積的純粹；芋頭香、蓮子香，沒有多餘的調味，真真實實、清爽的存在。老闆堅持選用當季「對時」採收的新鮮蓮子和芋頭。好的食材加上用心熬煮的味道，是許多連鎖店都無法取代的真實美味。我一邊畫草圖記錄著桌上的畫面，一邊和老伯伯聊天，這個下午舒服自在。

蓮子湯

芋頭湯

永興街
紅芋蓮薏芋
仔子仁蓮
子
綠子
豆湯
茶湯湯湯

INFO ／銅鐘圓仔湯
地址／彰化縣彰化市陳稜路 245 號
營業時間／暫停營業

彰化木瓜牛乳大王

彰化孔廟對面有間木瓜牛乳大王，也是人潮不斷的老店。在地友人寶螺大力推薦，聲稱這家木瓜牛乳有「吸管插著不會倒的濃稠感」！買了一杯木瓜牛乳打算爬八卦山時邊走邊喝，發現似乎不太解渴，因為超濃的！需要散散步消化一下，建議大家可以到對面的孔廟走走，再步行看八卦山大佛哦！

大元麻糬

回程前特別到大元餅行買伴手禮，內餡除了常見的花生、黑芝麻外，還有肉餡口味的鹹麻糬。我特別喜歡鹹麻糬的口味，一口大小很合適當點心。柔軟的麻糬外皮搭上有著肉塊的內餡，超級特別。

INFO ／彰化木瓜牛乳大王
地址／彰化縣彰化市中華路 37 號
營業時間／週五到週三 11:10-21:30；
週四公休

INFO ／大元麻薯（鹹麻糬）
地址／彰化縣彰化市民生路 129 巷 6 號
營業時間／每日 08:30-21:00

鹿港

　　彰化市擁有古城門，且和鹿港皆是彰化縣最早發展的區域，因
此蘊含的飲食文化也是最豐富多元且具有歷史感。除了彰化市之外，
絕對也一定要到鹿港鎮來探探彰化飲食的特色。

麵線糊
Vermicelli

　　走在鹿港的路上看到許多賣麵線小吃的店家，這同時也是生產
麵線的地方。在鹿港老街上有一攤賣手工麵線，老闆黃連瑞伯伯向
我們介紹手工麵線的製作方法，他說這可是非常費時費力的。攤位
牆上貼了麵線製作過程的照片：麵線使用高筋麵粉加食鹽，需反覆
將麵線掛在室外拉晒，連續拉延十二個小時；麵線被拉長的兩端較
粗，中間較細。仔細一瞧，一包麵線中果然粗細不一，是道道地地
的手工麵線呢。

　　麵線分成白麵線與紅麵線兩種，除了顏色不同、口感也不同，
適合用於不同的料理上。白麵線水氣較高、口感溼潤，快速燙熟即
可食用；紅麵線則是將白麵線晒乾後再加工，經過高溫烘烤，澱粉
因高溫產生了「梅納反應」，就像麵包烘烤上色、顏色焦化成金黃
般，成了顏色較深的紅麵線。而紅麵線也是本土特有的作法，加溫
除了可使顏色改變外，亦可使麵筋結構更穩固、不易糊化，更耐煮，
因此許多麵線羹都使用紅麵線。老傳統工藝若後代兒女不願意接手，
手工麵線就會越來越少見，慢慢被機器製作取代。

聊著聊著黃伯伯拿出一張六十多年前的黑白老照片，照片中的他還是個探出頭的小孩，從小就在鹿港老街跟著爸媽做生意。當時照片中的場景還是石板地，他操著海口腔的閩南語告訴我，當時商船運貨出口，回程空船運回大量的石板作為壓艙石，再將石板用來鋪路，但後來鋪在地上的石板被挖去做墓碑，石板地便不復見了。

王罔麵線糊

來鹿港前就有聽說當地人吃麵線是用喝的，一直好奇是否為真。來到民國19年就創立的「王罔麵線糊」，老舊的門面加上斑駁的手寫字招牌著實迷人，老闆忙著承裝一碗一碗的麵線糊，倒入塑膠袋，再用塑膠紅繩繫起，交給外帶的客人。提著一袋熱到冒煙的麵線糊，熱騰騰的實在很難想像怎麼能用喝的。我這個外地客大膽地跟店家要了碗跟湯匙。往麵線糊裡加了醋和一點辣醬，一打開塑膠袋便立刻聞到醋香，喝了一口竟有種柔滑的奶油香，跟想像中完全不同，香氣非常濃郁；仔細看，麵線糊裡頭還加了蛋花、肉羹。白麵線熬煮至口感綿密，不需要咬，直接化開吞食，難怪可以用吸管「喝麵線」。

在地人分享：他們學生時期在上課時想偷吃，便會以粗吸管直接戳入吸著吃。其實用喝的吃法是因老鹿港人務農或上工前沒有時間準備餐具，便想出直接就口喝以節省時間，久而久之卻成了鹿港麵線糊的特殊吃法景象。

INFO／王罔麵線糊
地址／彰化縣鹿港鎮民族路 268 號
營業時間／每日 06:00-18:30

老全豬血麵線

　　鹿港鎮第一公有零售市場的轉角處，有間創立於民國 33 年的老攤販「老全豬血麵線」。老伯伯在攤位燉著一鍋豬血麵線湯加腸，棕色的湯頭十分清爽，豬血和豬腸增添了不同的口感，紅麵線吃起來有咬勁。

豬血麵線
加腸

INFO ／老全豬血麵線
地址／彰化縣鹿港鎮大明路 9 號
營業時間／週五到週三 08:00-17:00；週四公休

楊州肉圓芋丸

　　第一公有零售市場還有一攤「楊州肉圓芋丸」，目前已是第三代經營，年輕的老闆娘很熱情的跟我介紹：老鹿港人吃的湯芋丸，即是芋丸加上大骨湯；早點來的話還有機會吃到每日限時限量供應的隱藏版骨仔肉湯。乾芋丸的吃法很像肉圓，起初是因曾有客人詢問是否能淋上肉圓的醬料，竟意外受歡迎。芋丸是鹿港獨特的小吃，口感就像是在芋頭籤內包肉餡，蒸熟後加上店家自製的四種醬料調味：醬油、白甜醬、紅辣椒、蒜泥，號稱四大天王。我個人喜歡芋頭的香氣，其口感加上肉香與甜甜鹹鹹的醬料，有豐富的層次感。

INFO ／楊州肉圓芋丸
地址／彰化縣鹿港鎮大明路轉角處
營業時間／週二到週日 06:30-13:30；週一公休

金味王 純IG 油味

古都風味 揚 肉粗 芋丸 愛玉
民賭良心 州

丸子湯40
芋丸湯30
乾芋丸30
肉圓30

芋丸湯 大骨湯

乾芋丸

發記粉粿冰

市場對面尚有攤超過五十年的「發記粉粿冰」，我在購買隊伍中探頭，見攤位上放著一大盤黃澄澄的手工粉粿，分裝成小包並附上糖水，顧客可以直接蘸著吃。看店員用刨刀將粉粿刨成絲狀的粉條，加上其他配料（綜合冰可以自選三種料），我挑了粉粿、米苔目、愛玉，再加店家熬煮的甜鳳梨！鳳梨甜汁融在冰裡化成水，清涼透徹。至於粉粿的顏色為什麼這麼黃，是因加了黃梔花的萃取物。手作的粉粿咬起來Q彈滑順，解熱消暑啊！

愛玉
米苔目
鳳梨
粉粿

INFO ／發記粉粿冰
地址／彰化縣鹿港鎮第一市場民族路 186 號
營業時間／每日 08:00-18:00

東華素食麵茶

　　早年麵茶既可作為早餐也可當作點心，更可替代奶粉作為嬰兒食品，後來逐漸變成具有台灣特色的點心。傳統麵茶是用麵粉、豬油、油蔥酥和糖拌炒而成，現代人注重養生，改以芝麻和植物油替代；將麵茶粉用乾鍋炒熟，再用熱水沖泡成糊狀食用，亦有直接食用麵茶粉的吃法。

　　鹿港有許多賣麵茶的店家。鹿港天后宮旁有一間老字號的「東華素食麵茶」，門庭若市，即使大熱天仍人手一碗，捧著熱麵茶啜飲著。除了在麵茶粉中加熱水拌著的傳統吃法，還有新創的麵茶剉冰、黑糖鮮奶麵茶冰沙等，將傳統滋味變得更多樣化。

INFO ／東華素食麵茶
地址／彰化縣鹿港鎮中山路 409 號
營業時間／每日 10:00-19:00

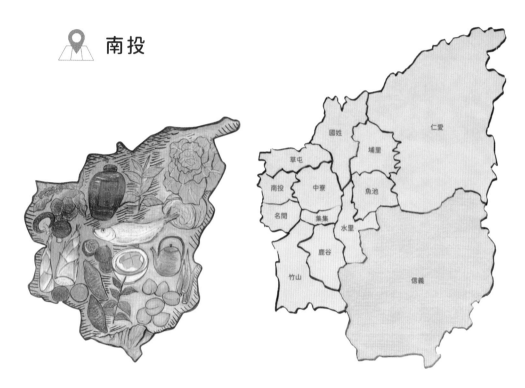

南投

　　來到南投之前，只覺得這裡好大，點與點的距離很分散，對此處飲食的印象，除了曾在集集吃過炸香蕉、炸香蕉皮；還在水里吃過粉紅色醬料的肉圓；在信義鄉與好友登玉山前大吃梅子料理餐；在埔里買 feeling18 特殊口味的冰淇淋（我特別喜歡刺蔥杏仁味）；喝國姓鄉的咖啡⋯⋯但仍有許多鄉鎮未曾駐足。

　　來南投前，拜訪了幾位在地職人──南投香料工廠的 Tomas、埔里「雕之森」樹屋餐廳的主廚阿宏師、魚池鄉「春錦製茶」茶園的茶農，還有竹山的菇農曾大哥。四位引路人分別位在南投不同的鄉鎮地區，剛好可以前往看看這些地方不同的在地飲食特色。

　　活到三十幾歲，竟然從未來到觀光勝地日月潭。藉此機會，住宿在日月潭旁的飯店。早晨在日月潭風景的陪伴下享用早餐，作為此次南投旅行完美的開端，並以此作為中心輻射狀出發造訪其他鄰近鄉鎮。

梅莊餐廳

梅子雞湯

梅子排骨

梅子蒸魚

埔里

　　埔里第一站來到牛耳石雕藝術村的「雕之森」樹屋餐廳，劉恆宏主廚阿宏師曾任埔里金都餐廳大廚超過三十年，現為雕之森餐廳主廚，推廣從產地到餐桌的飲食精神，使用不同產季的當令食材，用料理呈現南投的風土與風味。菜單設計以「一菜一故事，一湯一世界」的概念來經營，儘量使用在地食材，並且致力於建立與生產者互利共生關係的經營理念。

　　南投擁有好山好水的先天優勢，不僅生產茶葉，也有埔里酒廠的泉水紹興酒。在阿宏師的無菜單料理中，可品嘗到南投小農生產的各種菇類、茭白筍、蔬菜、水果、紅玉雞，以及日月潭的河鮮等。

　　當天阿宏師熱情地請我吃了一頓晚餐，也分享許多平時常去的南投小吃口袋名單，這樣的相聚使這趟南投之旅有了個豐盛的開端。

INFO ／雕之森樹屋餐廳
地址／南投縣埔里鎮中山路四段 1 號
營業時間／週二到週日 11:30-14:00, 17:30-20:00；週一公休

張蒸餃大王

　　來到美食聚集地第三市場，夜晚搖身一變成了美食攤位聚集地。菜棚下擺滿了圓桌、板凳，熱鬧不已。依循在地人的指示，我們在「張蒸餃大王」的攤位前駐足，冒著白煙層層疊起的蒸籠吸引了我的目光，而在攤位旁的圓桌入座；才得知這裡的餐桌可以共用，歡迎客人在不同攤位叫餐，彰顯共享空間的人情味。於是在快炒攤位點了些炒菜，也點了一籠蒸餃搭配著吃。熱氣從蒸籠裡不斷竄出，每天手工新鮮製作的蒸餃圓胖胖的，光用眼睛看就充滿食慾；麵香與肉汁的比例讓人一顆接著一顆，不禁舉手再續一籠。除了蒸餃（一籠十顆五十元）外，蒸籠裡還有許多用小盅不鏽鋼碗盛裝的湯品，看起來十分可口，有酸辣湯、香菇雞湯、冬菜鴨湯、金針肉絲湯、菜頭排骨湯、苦瓜排骨湯、四物豬腦湯。我點了一盅較少見的四物豬腦湯，這是我第一次品嘗，一口咬下白白的像豆腐質地、帶些綿綿口感的豬腦，感覺很特別。

　　老闆娘熱情招呼，還坐下來跟我們聊自己已是第二代經營，開業賣了五十幾年，現在第三代的女兒們也在攤位上幫忙。第三市場以往曾是三班制，從早上的果菜市場、晚上的第三夜市、到半夜成魚市場賣魚貨，從一旁牆上的牌子可看出魚市場的招牌歷史痕跡。離開前，老闆娘還推薦我們下回可以到梨山採摘高麗菜，心裡滿滿埔里人的熱情與溫暖。

INFO ／張蒸餃大王
地址／南投縣埔里鎮東華路與南盛街交叉入口
營業時間／每日 16:00-23:00

四物豬腦　苦瓜排骨　金針排骨　菜頭排骨　金針肉絲　冬菜鵪湯　香菇雞湯　酸辣湯　蒸餃 50　張 蒸餃

張 蒸餃大王

豬腦湯

蒸餃

肉圓
Taiwanese Meatballs (Ba wan)

　　來到南投之前，沒想到這裡竟有這麼多的肉圓店，光是大家推薦的就將近十間，如南投市的「橋頭邊肉圓」、水里肉圓、竹山的「寶島肉圓」、草屯的「肉圓李肉圓」、埔里的「阿甲肉圓」、「菊肉圓」、「阿開肉圓」，多到不勝枚舉。除了炸的肉圓，有些店家也會賣涼圓，例如從民國初年創立至今已有近百年歷史且位於草屯的「肉圓李」。

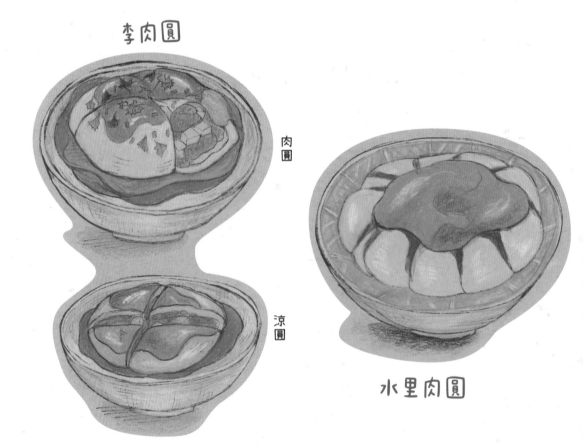

李肉圓

肉圓

涼圓

水里肉圓

阿開肉圓

　　我們來到阿宏師推薦的「阿開肉圓」，看見九十幾歲的阿嬤在店裡照看肉圓的製作。老闆每天早上都會在店裡手工製作肉圓，將一大鍋調和好的白色地瓜粉漿先抹一層在圓形的不銹鋼製淺盤小模具上，接著鋪上肉餡與醃過的筍丁，再用湯勺把粉漿覆蓋住肉餡，慢慢鋪整呈倒碟型。看老闆熟練、快速地邊抹邊旋轉模具，這樣的動作一天要重複上百遍，平均一天可做四百顆。製作好的肉圓連同模具平整放入圓形大蒸籠內，蒸熟後，再入油鍋低溫炸，起鍋前瀝掉多餘的油，十字剪開，淋上醬油、米醬，再依個人需求加辣椒醬食用。跟其他地方不太一樣的是，店內桌上會放一壺大骨湯，在吃完肉圓後可以自行加湯至碗裡，湯水連同碗底殘留的肉末、筍丁、醬汁一起喝掉，成了一肉圓兩吃的特殊景象。這樣的吃法普遍存在於埔里、水里地區，不僅經濟實惠，後續清潔也更方便。

　　好奇地問老闆為什麼南投會有這麼多的肉圓店呢？阿嬤分享可能因早期有許多彰化移民至此才帶來這樣的飲食聚集，加上南投多產筍，也是在地容易取得的食材。

　　說到肉圓裡的筍，除了以筍丁形式，也有以筍絲形式包入，像是在盛產竹筍的竹山中吃到「寶島肉圓」內餡，就是使用筍絲，將夏天產的新鮮麻竹筍刨成絲後，以鹽水醃漬保存，製作前再洗淨使用，一年四季都可以吃到了。

大骨湯

INFO／橋頭邊肉圓
地址／南投縣南投市三和三路 51 號
營業時間／每日 10:30-21:30
INFO／寶島肉圓
地址／南投縣竹山鎮菜園路 23-1 號
營業時間／週二到週日 11:00-19:30；
週一公休
INFO／草屯肉圓李
地址／南投縣草屯鎮中正路 893-1 號
營業時間／週四到週二 09:30-18:30；
週三公休

INFO／阿甲肉丸
地址／南投縣埔里鎮西安路一段 149 號
營業時間／每日 14:00-19:00
INFO／菊肉圓
地址／南投縣埔里鎮西安路一段 33 號
營業時間／週三到週一 11:30-17:00；
週二公休
INFO／阿開肉圓
地址／南投縣埔里鎮南盛街 41 號
營業時間／週五到週三 09:00-18:30；
週四公休

南投市

　　來到「橋頭邊肉圓」這間超過五十年以上歷史的店。據說早時很多客人會坐在店門口的橋頭上吃，因此被叫為橋頭肉圓！點了一份肉圓，自行淋上桌上的醬汁、辣醬，口感十分紮實，吃飽後來到「正典牛乳大王」買一份餅乾三明治冰磚。再至中興新村附近買杯「省福王品桂花酸梅湯」，解膩解渴。參觀完香料工廠後，還可到南投八卦山原址三合院的「微熱山丘」購買鳳梨酥作為伴手禮。

INFO ／正典牛乳大王
地址／南投縣南投市光榮西路一街 11 號
營業時間／週二到週日 10:00-17:30；週一公休
INFO ／王品桂花酸梅湯
地址／南投縣南投市光華路 88 號
營業時間／週三至週一 09:30-18:00；週二公休
INFO ／微熱山丘南投三合院
地址／南投縣南投市八卦路 1100 巷 2 號
營業時間／每日 10:00-18:00

南投意麵
Nantou Noodles

　　說到南投意麵我可真是一頭霧水，曾吃過台南炸過的鍋燒意麵、有嚼勁的鹽水意麵，但南投意麵？到底差別在哪呢？來到許多在地人推薦的「阿章意麵」，店門早已擠滿了人，坐在裡頭吃麵的除了老阿公、老阿嬤之外，也不時有年輕人光顧。我點了一碗乾意麵跟肝連湯，看店家熟練地在砧板上切著小菜，再把生麵條丟進鍋裡煮幾十秒就熟了，瀝乾、調味、上桌。偏白色的南投意麵，麵條外型較一般扁麵條更為纖細，但口感非常有彈性，拌著充滿肉臊的醬汁，忍不住一口接一口的往嘴裡送。很簡單的味道卻極度美味。不禁好奇地詢問店家哪裡可以買到這麵條？才知道他們每天跟市場外圍的製麵商家進貨。

　　我們跟隨指示來到了「許梓記製麵店」，滿頭白髮的老先生與老太太在散落滿地白麵粉的製麵廠中低頭忙著。我想買一包乾麵回台北囤著，但他們好似聽不見，於是我比手畫腳地示意著。最終買到我思思念念的乾麵，老先生還貼心的附上一張煮食說明書，提醒意麵需快煮起鍋，不能久燙。

　　隔壁是百年老店「源振發製麵廠」，我請教第三代老闆南投意麵的特色之處，才知此麵原料僅只有麵粉跟鹽水，手工製作以經驗拿捏Q度與筋性，才能做出口感不會過韌也不軟爛的細麵條。隨即拿了一根生麵讓我們拉拉看，彈性非常好，不僅不斷裂還會回縮。老闆說：南投意麵比陽春麵還窄，被稱為幼（細）麵，也叫小陽春麵。當初由一位福州人和他父親共同研發製作，這位福州人用帶著較重鼻音的福州腔講「幼麵」，後來便被傳成「意麵」。

INFO ／許梓記製麵店
地址／南投縣南投市民族路 318 號
營業時間／每日 07:30-18:00
INFO ／源振發製麵廠
地址／南投縣南投市民族路 320 號
營業時間／每日 07:00-18:00

INFO ／阿章意麵
地址／南投縣南投市民權街 126 號
營業時間／週間 07:00-16:30、週六到
週日 07:00—17:00

竹山

在環島的旅程中因以尋找在地飲食為開端，一路上有如探險般尋線索，從餐桌上發現食物，接著溯源找到食材，甚至實際到達產地，這些都是我沒有預期到的收穫。這趟南投之旅，意外的因朋友引薦才有機會實地參觀原不對外開放的菇園，記得那天來竹山拜訪菇農曾大哥真是令我大開眼界，他不僅親切地講解種菇的經驗，更一一介紹不同的菇種，如一整排密密麻麻、橫向竄出頭的鮑魚菇、或顏色豔黃的珊瑚菇，看起來特別的可愛，活靈活現般！

那天我們還體驗了親手採摘整朵比雙手掌還大的新鮮木耳，看到種植過程才了解我們平常吃的新鮮菇類原來是透過這樣密集勞力採摘而來的啊。離開前曾大哥送了我們一人一大包乾燥菇燉湯，還有好幾包新鮮木耳，這真的是我吃過最新鮮、最好吃的木耳了。

這次來竹山的另一個目的，除了拜訪菇園外，也來找尋飲食記憶。竹山除了產好茶、產竹筍，還有蕃薯。

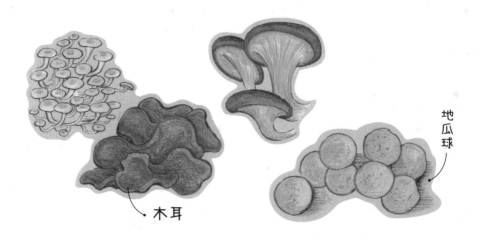

地瓜球

木耳

蕃薯竹筍包
Sweet Potato Bao

　　竹山盛產竹筍與蕃薯。蕃薯竹筍包正好集結了這兩樣在地生產的食材。來到這間老店，掛著大大的招牌，寫著竹山特產「30 年代蕃薯包」，原來蕃薯包是 30 年代常見、方便帶出門食用的點心。經過店門口便看見老闆蹲坐在旁的小板凳上削著蕃薯皮——不同於烤地瓜的 57 號黃色品種，改採身形細長的 66 號橘紅色的蕃薯品種，再用純麥芽糖熬煮，製作成蜜地瓜。

　　剛好遇見店家正在製作蕃薯包，看見老阿嬤將麻竹筍丁、紅蔥頭、肉、蝦米的內餡，用蒸熟的新鮮蕃薯加上樹薯粉所調製的黃色麵團，一顆顆手工包起呈圓球狀，整齊擺放在盤子上。因產季的不同，有時冬季也會用紫心地瓜製作成紫色的蕃薯包。

　　一旁蒸籠內有剛出爐的金黃色圓形蕃薯包，小小一顆口感Q彈，像麻糬般帶一點蕃薯的甜，裡頭包著肉餡及筍丁，鹹鹹甜甜，非常好吃，是我從來沒有想像過的組合！沒有負擔的大小一次大概可以吃下二到三個，個人推薦若來到竹山一定要試試！

竹山捲仔粿

　　捲仔粿是竹山鎮的特有小吃，在其他地方幾乎沒有看到過。依傳統古法製作，已有六十年歷史，在竹山鎮的小攤位販售著。用全米製作的白色外皮，包捲著米做的米黃內餡，米製的內餡用油蔥酥、小蝦米、香菇等調味，帶點微香鹹的風味，再淋上附在一旁的醬汁一起吃。建議可以連同隔壁攤位的現煎一口小香腸，配上蒜頭，一口捲仔粿、一口香腸口感更豐富。

INFO／竹山捲仔糕
地址／南投縣竹山鎮雲林路 44-1 號
營業時間／每日 07:50-18:00

淑芬小吃—泡菜豆包

　　隱藏在小吃店裡，泡菜豆包是
用油炸過的豆包，中間割開夾入爽
口的泡菜，口感香酥脆。炸過的豆
包豆香味十足，下午餓的時候還可
以作為點心解解饞，是值得一試的
在地特色小點！

泡菜豆包

INFO ／淑芬小吃豆皮包鹹菜
地址／南投縣竹山鎮下橫街 59-1 號
營業時間／週二到週日 11:30-17:00；週三公休

雲林

有人形容若說到台灣味，雲林就是不加一滴水的純，沒有太多的外來影響與觀光客。這裡是台灣的果菜園，多數的農產都出自於此；這裡也是畜牧業與酪農業的大本營，濁水溪沖積平原造就出天然的黑黏土質條件，更使這裡成為台灣的米倉，發展出各式米食小吃，像是西螺碗粿、北港煎盤粿、斗六羊肉米糕等；也有西螺的醬油、口湖烏魚子等。

好友老家位在雲林古坑，爸媽經營一間三合院的民宿「田心12號」，於是我踏上雲林的旅程。到了雲林火車站，一下車便看到許多水果裝置的椅子散落在月台上，頓時彷彿來到水果樂園，對於農產品熱衷好奇的我開始雀躍不已。

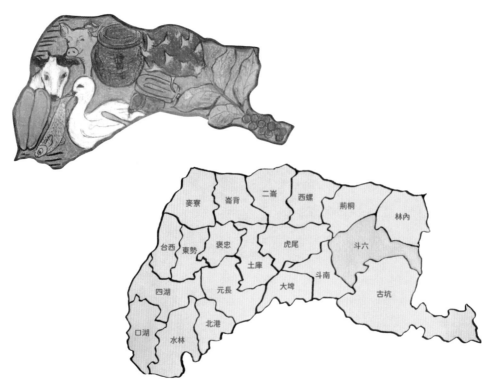

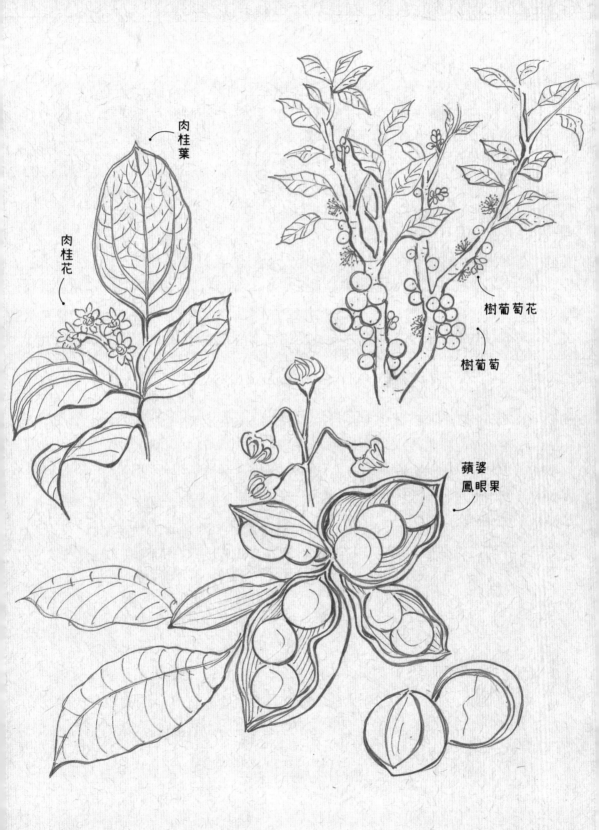

肉桂葉

肉桂花

樹葡萄花

樹葡萄

蘋婆
鳳眼果

好友帶我去在地的市場採買晚上火鍋食材。若想認識一地飲食的最佳起點，到當地的市場準沒錯。市場內琳瑯滿目的蔬菜，有些我竟還叫不出名字，看著這些飽滿的蔬果像是剛被採摘便運送過來，彷彿還在呼吸似的新鮮。

　　好友爸媽在老家三合院種植各種果樹，後院種有香蕉、肉桂、火龍果、石榴、樹葡萄、蘋婆，還有好多香菜、茶花……。可以近距離觀察到這些果樹的枝葉、開花結果的樣貌，讓我覺得好新奇。阿姨拿著果樹在不同季節開花的照片一一介紹著，眼睛閃閃發光。好友更是從樹上隨手摘下一片新鮮的肉桂葉子，遞給我說「你吃吃看」。一入口咀嚼我瞪大雙眼，是滿滿的肉桂香味，而且越嚼越甜，就像在嚼肉桂口香糖般！

　　樹葡萄也是我第一次見到的果樹，長得很奇特，紫色圓圓像葡萄的果實，結實纍纍在矮矮的樹幹上，阿姨摘下幾顆樹葡萄給我，一咬下爆出香甜酸澀的汁液，白色的果肉口感介於葡萄與山竹之間，果肉不多、皮又厚，但滋味很好，忍不住一口接一口。我以前畫這些果樹的花卉都是上網查看照片，如今可以親眼見著果樹生長，近距離觀察開花結果的細節變化，覺得好生羨慕啊。

　　阿姨端出自己釀的果酒、薑酒，其中就包含樹葡萄酒，深紫色的酒湯好好喝啊！香甜可口是我從來沒喝過的滋味。鄉下的生活帶來一種愜意、舒適，跟在台北生活是兩種完全不同的感受，享受難得的反差與放空，創作靈感頓時充滿。

長盛酒莊

　　這附近碰巧有一間酒廠，是專用雲林在地盛產的水果釀的，於是我們致電詢問能否前往拜訪，酒莊老闆熱情地招呼我們，層架上一排一排瓶裝的水果酒看得我驚喜連連。

　　本業是醫生的老闆給我們試喝，第一支黃金奇異果酒便驚豔住我的味蕾了。老闆說一開始設酒廠就是想解決當時盛產的紅龍果，為了幫助農民，而將這批紅龍果製成酒保存，反而成了今日的樣貌。於是原本製筍的工廠開始釀起火龍果酒，粉紅色的酒體大受好評，才有了現在的酒莊型態。老闆後來將雲林的在地各式農產品製成酒，除了火龍果酒外，還有黃金奇異果酒、檸檬酒、柑橘酒、樹葡萄酒、咖啡酒、咖啡蒸餾酒，以及各式的果醋。當天回程時也帶了一支荷苞山的古坑咖啡蒸餾酒作為紀念。

INFO ／長盛酒莊
地址／雲林縣古坑鄉荷苞 55 號
營業時間／週一到週六 08:00-17:00；週日公休

巴登咖啡

　　古坑最著名的就是咖啡，荷苞山充斥著咖啡園。友人知道我愛喝咖啡，帶我去一間老咖啡店「巴登咖啡」。推開復古的玻璃木門，猶如進入日本某間老喫茶店般，排排站的虹吸式咖啡壺裡沸騰的滾熱水冒著泡泡，咖啡香氣四溢，店員阿姨們穿著一致的服裝，親切招呼我們到二樓的座位區。

　　西式咖啡廳卻處處有著台味十足的妝點，先不說空間內部的刺繡掛畫與燈籠，窗外景象就是對面的地母廟與「大地球」的廟宇景色，有一種說不上的視覺衝突卻又不失協調感，西化後的日治時期在台灣融合出獨有的風景。乍見有點怪，好似時代堆疊後又融合出自己特色的台灣味。端上一杯咖啡，產自於此的咖啡豆，喝起來口感單一、沒有太繁複的味道，溫溫和和。店家還招待了好幾道甜點，餅乾、蛋糕、咖啡凍，大方地令我這台北人超驚訝。

INFO ／巴登咖啡
地址／雲林縣古坑鄉小坑 646 號
營業時間／週一到週二 09:00-17:00、週三到週六 09:00-21:30、週日 10:30-21:30

鴨肉羹
Duck thick soup

　　記得第一次吃鴨肉羹是新北市三重的「北港江記龍門生炒鴨肉羹」。他們先將鴨肉與洋蔥生炒過後，加入用鴨骨熬煮的鮮甜濃稠羹湯，喝起來有洋蔥、筍絲的鮮味，還有甜甜的滋味，非常像似「南部口味」。建議要加上店裡所附的橘紅色辣椒粉，拌入後使其呈橘色湯汁才是典型的吃法。

　　這家店標示著北港，一查才知在北港及新港都有知名的鴨肉羹老店。北港與新港在地圖上看似相距不遠，但一個在雲林（北港），一個位於嘉義（新港）。

　　第一次吃到嘉義新港鴨肉羹是在疫情期間，儘管無法出遊，卻因實在好奇位在新港奉天宮前知名小吃的滋味，乾脆從網路訂了冷凍包回家，還隨包附上橘紅色的辣椒粉。

　　偏甜湯頭味道明顯，有股炒洋蔥與炒鴨肉的焦香味，單吃也很美味；中和了辣椒粉及五印烏醋後的湯頭，達到酸、甜、辣合一的豐富口味。媽媽說與在店家現場吃到的味道差不多，拜宅配冷凍技術之賜，身體還沒到嘉義，味蕾卻先嘗到了，也是一種另類認識台灣味的方式。

INFO／北港江記龍門生炒鴨肉羹
地址／新北市三重區龍門路 134 號
營業時間／週一到週六 08:30-18:00；週日公休

新港鴨肉羹

辣椒粉

五印醋

古法釀造
五印醋

新港鴨肉羹

新港鴨肉焿

INFO／新港鴨肉羹
地址／嘉義縣新港鄉中山路奉天大廈 17 號
營業時間／週四到週二 07:00-18:30；週三 07:30-18:30

斗六

溝仔根清涼冰店

　　在民宿不遠處，有間五十
年老冰店「溝仔根清涼冰店」，
點了烏梅雪泥加上桂圓冰淇
淋，還有各式口味的冰餅三明
治，有咖啡、草莓、花生、可
可、桂圓、牛奶、抹茶等多種
口味。一口酸中帶甜的雪泥冰
沙，加上一湯匙奶味冰淇淋，
感受鄉下的純樸與溫度。冰餅
作為宵夜，冰過後的餅乾依然
酥脆，平價又美味。

INFO ／溝仔根清涼冰店
地址／雲林縣斗六市仁義路 144 號
營業時間／每日 08:00-20:00

魷魚嘴羹

聽人推薦試試斗六老街
的「魷魚嘴羹」。魷魚常
見，但魷魚嘴羹卻不常見，
一隻魷魚只有一張嘴，故也
有「龍珠」之稱，口感彈牙
有嚼勁。不同於處理過的龍
珠，魷魚嘴大顆的有如十元
硬幣大小，裡頭還有黑黑硬
硬未去殼的口器，吃的時候
要格外小心。

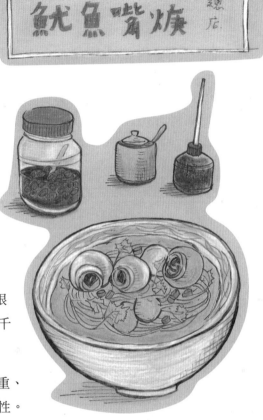

老街上有兩間號稱「魷
魚嘴羹」的創始老店，分別
為「阿國獅」與「魷魚興」，
於是我們兩間都買來試試，跟
友人一起盲測，一致認同各有千
秋。

「魷魚興」湯頭胡椒味偏重、
羹體較濃稠，魷魚嘴較有彈性。
「阿國獅」湯頭口味偏甜、魷魚嘴較
小，口感較柴，店裡還賣滷的魷魚嘴，非常特別。

INFO ／阿國獅魷魚羹
地址／雲林縣斗六市大同路 112 號
營業時間／週四到週二 09:00-19:30；
週三公休

魷魚興魷魚嘴羹
地址／雲林縣斗六市中正路 56 號
營業時間／每日 08:30-20:00

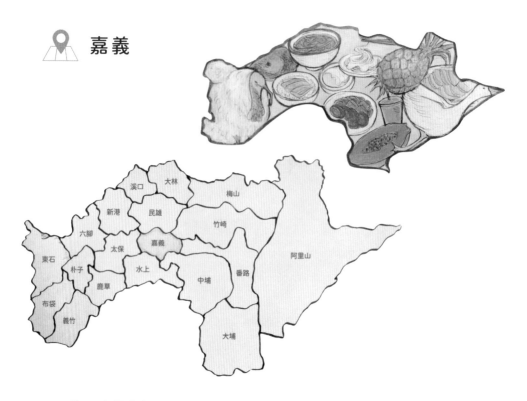

嘉義

　　除了火雞肉飯，我對嘉義實在沒有太多其他的印象。看完《世界小吃・亞洲篇》紀錄片後，才想起我沒去過嘉義呢！當時正值疫情趨緩期間，決定繼續玩食台灣計畫，去嘉義好好探險，也是跟媽媽一起的小旅行。第一天抵達嘉義，詢問計程車司機有沒有可推薦的小吃讓我們買回飯店吃？司機直接載我們來到嘉義市區陸橋下一個沒有明顯招牌的攤子，只有一塊立板寫著「涼麵四味果汁」，攤子只賣涼麵、皮蛋豆腐跟四味果汁。

　　果汁是另一段與嘉義的奇妙緣分。某次逛文化路夜市時，經過一間果汁店，賣著各式各樣的新鮮果汁。這是間從發財車開始經營的老店，因希望轉型委託我替門面繪製一幅水果牆壁畫，將特色的綜合五味果汁（包含鳳梨、西瓜、芭樂、木瓜、檸檬）幻化成視覺呈現，記得炎炎夏日畫壁畫的那幾天都有好喝的果汁相伴，感到格外幸福！

白醋涼麵
Mayonnaise Cold Noodles

　　嘉義涼麵的特色口味是加了美乃滋的「白醋涼麵」，打開盒子一看，不同於台北常見的油麵，是寬扁陽春麵條。蒜味的芝麻醬汁，加上當地人稱作「白醋」的沙拉醬（原料包含白糖、蛋白、醋）調味。

這種口味的確是第一次嘗試，吃起來偏甜，搭上皮蛋豆腐涼菜，再喝一口由鳳梨、芭樂、木瓜、檸檬調味的四味果汁，口味清爽，是適合夏天吃的簡單組合。媽媽一直嚷嚷著加點辣椒比較好吃，後來發現嘉義有許多間賣白醋涼麵的店家，像是「二丫頭」的麻辣涼麵，雖然是麻辣醬汁但也加了白醋，同樣使用寬扁麵條。

四味果汁
鳳梨、木瓜、芭樂、檸檬

皮蛋豆腐

白醋涼麵

INFO ／涼麵四味果汁
地址／嘉義市西區信義路 48 號
營業時間／週四到週二 09:00-19:00；
週三公休

INFO ／二丫頭麻辣涼麵
地址／嘉義市東區民族路 170 號
營業時間／週二到週六 09:00-20:00、
週日到週一 08:00-21:00

諸羅山涼麵

涼圓

「諸羅山涼麵」
在涼麵中加了小黃瓜
絲，且醬汁蒜味更重，
但與白醋口味調合的比
例深得我心。老闆娘開了
幾十年，從早上開始賣，
我到的時候接近中午，
已經快賣完了。

　　一樣的醬汁淋在
涼圓上也很好吃。加
一把小黃瓜絲，涼圓
就像未炸過的肉圓，
QQ 的外皮，內餡包
著肉末跟爽脆多汁的筍
丁，加上獨家蒜味白醋醬
的調味，適合夏天吃，
包你食慾大開！

INFO ／諸羅山涼麵
地址／嘉義市東區和平路 77 號
營業時間／每日 06:50-13:30

火雞肉飯
Turkey Rice

說到嘉義代表美食，大家都會優先想到火雞肉飯，而且每一位在地人推薦的店家都不同，從劉里長雞肉飯、嘉義民主火雞肉飯、阿樓師、阿霞、阿宏師、阿溪、和平雞肉飯，不計其數，至於嘉義為何會有這麼多火雞呢？

據說是二戰結束之後許多美軍駐紮在嘉義，他們將火雞帶入後，便在附近大量養殖。適逢戰後各項物資缺乏，而火雞肉體大，相對於土雞價格低、營養價值也高、較稀奇，因此地方小吃攤開始以火雞作為小吃食材，做出類似魯肉飯的雞肉飯料理。

阿宏師

火雞肉片飯

雞肉飯在南台灣多以雞胸肉蒸熟，剁成雞絲或雞片鋪在飯上、澆上醬汁稱作「雞絲飯」或「雞片飯」；有的店家會淋上用全雞蒸煮的醬汁或酥炸過的豬油，或再撒些油蔥酥，配上一片蘿蔔乾。

　　這回我們在劉里長雞肉飯點了一份雞片飯外帶，除了火雞肉的處理，味道精髓的醬汁和米飯也很重要。在粒粒分明的米飯上鋪幾塊雞肉，再淋上店家獨門調製的清爽醬汁拌一拌，就是這麼簡單卻得以傳承多年的傳統美味。

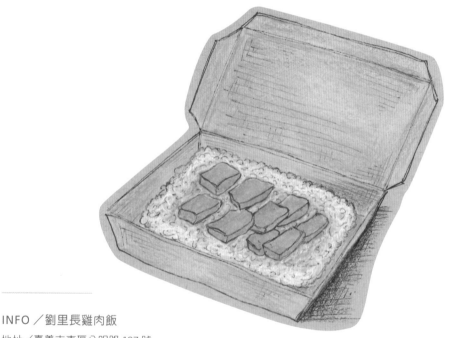

INFO ／劉里長雞肉飯
地址／嘉義市東區公明路 197 號
營業時間／週二到週日 07:00-14:30, 16:30-19:00；週一公休

沙鍋魚頭
Fish Head Casserole

　　說到沙鍋魚頭，記得疫情嚴峻期間無法出遠門時，特在網路上訂購「林聰明沙鍋魚頭」宅配冷凍包，自己在家加熱解饞。

　　相較於人滿為患的「林聰明沙鍋魚頭」，在地人更推薦「北門沙鍋魚頭」。湯底沙鍋菜份量不同，再另選有無加入魚頭或魚肉的部分。沙鍋魚頭的魚肉使用炸過的大頭鰱，湯底以沙茶調味；沙鍋菜有白菜、黑木耳、豆皮、豆腐。大塊的魚肉浸在湯裡香味十足，且湯頭清甜不會太油。

　　詢問在地人口袋名單時候，發現一個有趣的現象，不管到了哪一個城市，對在地人來說，似乎均對很紅的排隊名店不以為然，會說那是給觀光客去的。可能是因為在地人跟觀光客所求的本質不同，若吃個小吃還要排隊就會大大降低在地人想去的慾望，當然方便性也是影響之一。但作為觀光客，若時間許可我會選擇兩間都吃看看。

INFO ／林聰明沙鍋魚頭
地址／嘉義市東區中正路 361 號
營業時間／週三到週一 12:00-21:00；
週二公休

INFO ／北門沙鍋魚頭
地址／嘉義市東區忠孝路 284-1 號
營業時間／週三到週日 15:00-20:30；
週一、二公休

魯熟肉
Boiled Pork Snacks

　　來嘉義前，表姐推薦在地人購買的點心——魯熟肉，號稱是嘉義人的下午茶。老字號的「黑人魯熟肉」從下午兩點開賣，早已聚集了許多在地人，店家動作快速地以夾子夾取琳瑯滿目的雞捲、紅燒肉、松阪豬、蟳糕、米血糕、三絲肉捲、旗魚腸、各式內臟等；夾取後店家會切成小塊，附上醬汁，此外，還有瓠瓜米粉湯可以搭。

　　多樣的魯熟肉全是手工製作，其中我最喜歡蟳糕了，吃起來有種濃郁的粿口感。店家說傳統做法真的有放入蟳，後來因成本考量改以麵粉攪和蛋液，再加上一些細碎食材製成替代。三絲肉捲閩南語叫做雞卷，是取自諧音，但內容物並沒有雞；米血糕不同的是添加了地瓜籤，在黑白之中看得到黃色地瓜穿插其中，口感很特別，帶有甜甜的地瓜味。店家熱情的說，魯熟肉在北部叫黑白切，在台南叫做香腸熟肉。魯熟肉以往是辦桌料理的前菜，退休的總鋪師為另求出路而開店販售。

　　店家旁還有一個小攤位「信味香香腸皇帝豆米腸」，千萬不要錯過喔！除了賣自製加入皇帝豆的米腸外，還有炭火烤香腸，非常好吃也很有特色！

INFO ／黑人魯熟肉
地址／嘉義市東區共和路 84 號
營業時間／週二到週日 14:00-18:00；
週一公休

INFO ／信味香──嘉義炭火香腸
地址／嘉義市東區共和路 84 號
營業時間／週二到週日 15:00-18:00；
週一公休

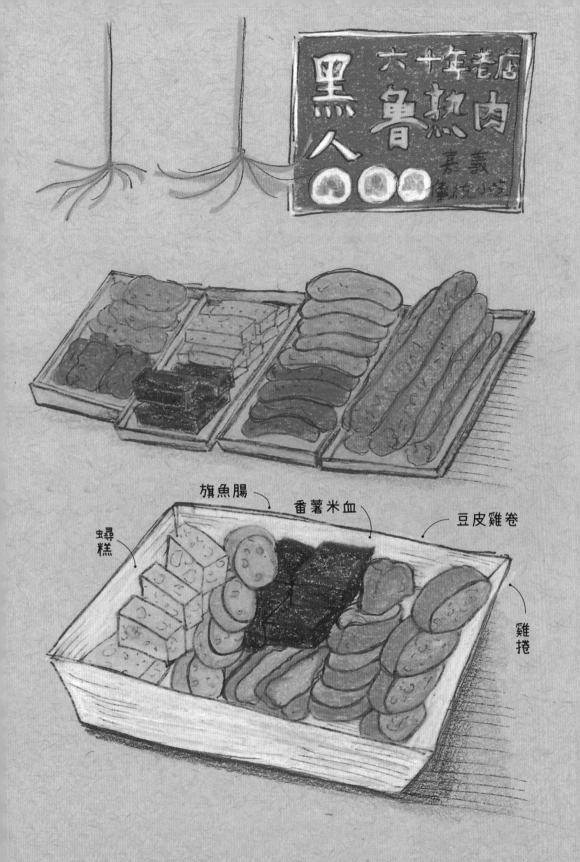

台灣人蕃薯糖圓仔湯

　　陳澄波故居一樓的轉角處有間賣著圓仔湯和蕃薯糖的小店，傍晚時分，遠遠地就看到了亮著燈火的攤子冒著熱煙，陣陣甜甜的番薯味撲鼻而來。我買了一份蕃薯糖，甜滋滋的蜜蕃薯裹上一層黏糊糊的糖衣，一口咬下，綿密的蕃薯香氣竄出，甜上加甜。有趣的是，我發現若將吃不完的蕃薯糖放入冰箱，冰冰涼涼地吃起來也別有一番滋味，有點類似沒那麼脆的拔絲地瓜。

番薯糖

INFO ／台灣人蕃薯糖圓仔湯
地址／嘉義市西區蘭井街 249 號
營業時間／週四到週二 12:30-20:30；週三公休

阿吉鱔魚麵

　　台南出身的媽媽對炒鱔魚情有獨鍾，經在地人推薦決定要前往嘉義「阿吉炒鱔魚」大快朵頤。除了有乾炒鱔魚麵，也有湯的鱔魚麵。最受歡迎的則是類似羹湯的錦魯鱔魚麵；相較台南，除了口味上做法不同，麵條使用的是油麵而非意麵。

　　另外還有一道季節限定的隱藏菜色「炒鱔魚蛋」，超特別！因好奇鱔魚蛋長什麼樣子，央求老闆讓我進廚房看：老闆俐落地將洋蔥爆香，添加佐料翻炒，不用幾分鐘，一道熱騰騰的炒鱔魚蛋就完成了。一串串黃色顆粒狀的鱔魚蛋，口感較一般魚蛋更紮實、有嚼勁。

INFO ／阿吉炒鱔魚
地址／嘉義市東區蘭井街 113 號
營業時間／每日 15:00-19:30

文化路夜市

豆漿豆花
Soybean Pudding

　　來到嘉義之後，才發現這裡的豆花幾乎都是豆漿豆花，除了文化路夜市的「阿娥豆花」豆漿豆花之外，還有一間嘉義人推薦的「桃城豆花」。桃城豆花原本也是一個小攤子，二代經營後開了二店，外觀看似咖啡館，獨棟寬敞舒適的空間裡頭賣著平價豆花。綿密的豆花浸泡在豆漿裡，相較於糖水豆花沒有那麼甜膩，在炎熱的夏天裡來上一碗涼豆花，絕對是小歇的好去處。

INFO ／阿娥豆花
地址／嘉義市東區延平街 233 號
營業時間／週三到週一 14:00-23:00；
週二公休

INFO ／桃城豆花
地址／嘉義市東區光華路 65 號
營業時間／週四到週二 09:00-22:00；
週一公休

珍珍蚵仔煎海產粥

　　文化路夜市入夜後有間營業到凌晨的「珍珍蚵仔煎海產粥」。攤位上除了有蚵仔煎、料多味鮮的海產粥之外，還搭上香煎虱目魚肚，抹上薄鹽，煎得金黃金黃、像餅乾一樣非常酥脆，擠上檸檬汁就很可口！海產粥以小鍋子一碗一碗現煮，米粒分明，湯喝得到海鮮的鮮，類似湯飯的感覺。米粒中夾雜著蚵仔、花枝、虱目魚、蛤蜊、鮮蝦，另以香菇、薑絲提味去腥。光想像在天冷時能喝到一碗熱熱的粥，嘴角已揚起微笑。

海產粥

煎虱目魚肚

INFO ／珍珍蚵仔煎海產粥
地址／嘉義市東區文化路與中正路路口
營業時間／週一、週四到週六 20:30-04:00、週日 20:30-02:00；週二到週三公休

生炒螺肉

另一個宵夜口袋名單是跟媽媽散步時發現的，隱藏在文化路夜市內的小巷子中，有攤「生炒螺肉」。一台發財車邊擺放幾張桌椅，只賣一食物——生炒螺肉。招牌寫著不辣、微辣、小辣、中辣、大辣等選項，竟然有這麼細微的辣度分別，真的很貼心。炒入九層塔及辣椒香且有嚼勁的螺肉，蘸上店家特別調製的甜薑泥醬，在夏夜跟媽媽一起吃著再搭上啤酒，可謂一大享受。

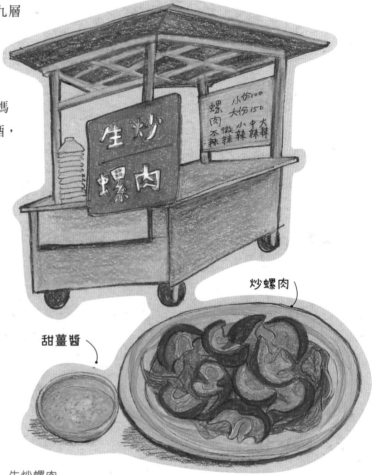

炒螺肉

甜薑醬

INFO／嘉義文化夜市 - 生炒螺肉
地址／嘉義市東區文化路 112 號
營業時間／每日 15:00-22:45

御香屋

中央噴水池圓環附近有間嘉義在地的手搖茶飲店「御香屋」，店中賣阿里山高山茶、香吉士百香綠茶、凍頂檸檬等外，還有熱門的紅鑽葡萄柚綠茶，是一杯加了將近半杯的葡萄柚果肉，屬於真材實料的飲料。

七彩 500cc 專賣店

圓環邊也有間外觀十分古早味的老冰店「七彩 500cc 專賣店」，除了各式新鮮果汁，也賣手工古早味布丁冰，私心覺得這根本是間被果汁耽誤的布丁店。點了西瓜汁跟布丁冰，第一次嘗試傳統雞蛋布丁加碎冰的吃法，絕對是一種很單純的美味！

INFO ／嘉義御香屋 圓環總店
地址／嘉義市西區中山路 321 號
營業時間／每日 09:00-20:00

INFO ／七彩 500cc 專賣店
地址／嘉義市西區中山路 329 號
營業時間／每日 10:00-21:00

嘉義東市場周邊

火婆煎粿

嘉義特色早餐除了可以到「可口味早餐店」吃手工製的酥脆粉漿蛋餅外，還可以到有尿尿小童的圓環吃「火婆煎粿」的油蔥粿、菜頭粿加蛋。小攤位上好幾位阿姨在煎台旁忙著翻煎手工製作的油蔥粿，我們點了一份棕色的油蔥粿淋上醬油膏，加上煎蛋，是十分飽足的早點。店家阿姨得知我們在蒐集在地人的口袋名單，熱情地推薦：「你們應該會去東市場吃牛雜湯吧？那要早一點去喔，可能中午就賣完了。」於是我們依循指引，騎上單車繼續前往東市場。

油蔥粿加蛋

INFO／可口味早餐店
地址／嘉義市東區成仁街 4 號
營業時間／每日 06:10-11:00

INFO／東門圓環火婆煎粿
地址／嘉義市東區公明路 188 號
營業時間／每日 06:45-12:00

北回水晶餃

進入東市場前的巷口處有一間「北回水晶餃」，原本想說水晶餃應該都差不多吧，後來聽在地人說這家不一樣喔，是「大」顆的！門口擺了一座蒸爐，裡面蒸著一顆顆如包子大小般、整齊排列的白色水晶餃（哇！從來沒看過這麼大顆的水晶餃！）。

出爐前門口早已大排長龍，看著店家忙進忙出，桿皮、包餡，再將包好的一盤盤水晶餃送進蒸籠，蒸熟後外皮從白色漸漸變成透明。我買了一盒，地瓜粉製成的外皮，薄薄地透出內餡的筍塊與肉末，剛出爐時，外皮很溼潤、有彈性，即使放涼了仍舊美味，肯定是在其他地方從未吃過的滋味。

INFO／北回水晶餃
地址／嘉義市東區忠孝路 166 號
營業時間／週一到週六 09:00-18:00；週日公休

王家牛雜湯

　　走進東市場，想要尋找「王家牛雜湯」的攤位一點都不難，因為假日長長的人龍早已展開。攤位上一鍋燉煮著牛雜湯的超大鍋子，我們點了一碗牛雜湯和牛肉湯，附上醬油膏與辣椒醬。很多人會搭白飯一起吃，湯中的料包含牛腩、牛肚、牛腸、牛心，清爽色澤的牛雜湯頭非常鮮美。牛肉湯也很新鮮，生牛肉在湯裡微帶粉紅色澤，嘗起來有股濃郁的鮮香，真的是我吃過最香甜的牛肉湯頭。早上就在市場裡開始燉煮開賣，接近中午便賣完收攤，每日限量。

老闆娘已經九十多歲，這一樣
餵飽幾代人的傳統美
味就隱藏在不起眼的
市場裡。

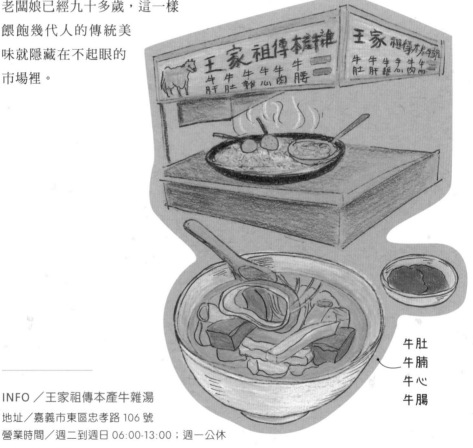

牛肚
牛腩
牛心
牛腸

INFO ╱王家祖傳本產牛雜湯
地址╱嘉義市東區忠孝路 106 號
營業時間╱週二到週日 06:00-13:00；週一公休

東市楊桃冰

　　吃完牛雜湯感覺有些口渴，依循店家推薦找尋「東市楊桃冰」，一間穿梭在市場裡販賣古早味特調的楊桃汁加汽水的老攤販。老闆娘說會有這樣的組合是因應學生要求而製作的，沒想到會大受歡迎而延續至今。楊桃汁是自家釀製的，加上汽水鹹鹹甜甜的格外消暑解膩。另外也有洛神加汽水的特調組合！

INFO ／東市楊桃冰
地址／嘉義市東區忠孝路東市場內飲食區 19 號
營業時間／週一到週五 07:30-15:30；週六到週日 07:30-16:00

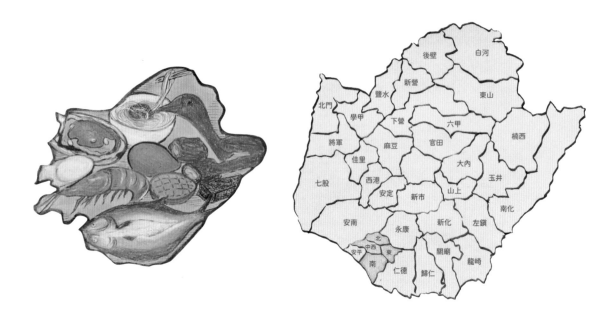

說到台灣小吃的多樣性，台南大概是密度最高的小吃發源地了。

媽媽是台南人，因此台南可以說是除了台北之外，我最常造訪的城市了。台南小吃的密集度讓我有限的胃容量常常面臨選擇困難；總得想辦法一天吃上好幾餐，只為了對得起難得的台南味。台南口味相較於北部偏甜，像是羹湯、鱔魚意麵、醬汁等，明明是吃鹹食，怎麼越吃越甜？

對於台南小吃的情感，應是深受媽媽的影響。記得小時媽媽常帶我和妹妹去民生社區附近的「財神擔仔麵」吃飯，店裡的桌椅是竹編的矮桌矮凳，老闆自己也坐在矮凳上煮麵。小小碗的擔仔麵、米糕、再配上黑白切。原來那個味道源自媽媽的鄉愁。

鹹粥
Savory Porridge

　　未有高鐵時，都是搭乘夜間的客運去台南。抵達約是五、六點天剛亮的時候，阿公便開著他的貨車來轉運站接我們。坐了好幾個小時的客運，媽媽會帶我們去吃熱呼呼的清湯鹹粥，暈車的不適感立即消除。最常吃的便是「悅津鹹粥」，有時也會去「阿堂鹹粥」。儘管天剛亮，店家卻早就燈火通明，檯面上備好各種小菜、滷肉、油豆腐、煎荷包蛋等。台南的鹹粥粒粒分明、喝得到清湯的粥，口感更像是湯飯，此風味台北不好找。綜合鹹粥更可以吃得到米粒、蚵仔、虱目魚；還有煎土魠魚塊，香味十足，灑上一點白胡椒提味，加上吸飽湯汁的油條，再喝一口湯，瞬間暖了起來！我對台南式早餐的記憶，鹹粥絕對居首位。

油條

油條
綜合土魠魚粥

INFO／悅津鹹粥
地址／台南市中西區西門路二段 332 號
營業時間／每日 24 小時營業
INFO／阿堂鹹粥
地址／台南市中西區西門路一段 728 號
營業時間／週三到週一 06:00-13:00；週二公休

米糕
Rice Cake

　　小時候記憶中的「米糕」便是用小小的瓷碗裝著糯米飯，上頭淋上肉臊，加些魚酥、土豆和醃漬過的小黃瓜，份量不大，有時還可以吃上兩碗。

　　米糕除了是常民美食也是宴客大菜。說到宴客菜便想到前幾年慶祝阿公九十歲大壽時在老字號的「阿美飯店」聚餐，菜單內容包含涼菜、雞肉豬肚鱉湯、炒鱔魚、紅蟳米糕、八寶冰、雞蛋布丁。其中紅蟳米糕這一道令我特別印象深刻，螃蟹的香氣融合米糕，入口溫和飽食又華麗澎湃。

　　除了傳統老店，也有新型態的米糕店，如位在昆沙宮旁的角落小店「糯夫米糕」，一到中午就大排長龍，年輕老闆利用小小的空間，炊煮著傳統風味的米糕；黏密的糯米飯，拌著肉絲、蝦米和香菇，米中加入料香，舒服的糯米口感，可謂是隨時可食的小吃。

　　另外，我也很喜歡台中清水的「阿財米糕」，是以筒仔米糕形式，倒扣後再鋪滿油亮油亮的一片片滷肉，淋上甜甜的滷肉醬汁，還有特製的辣椒醬，米粒 Q 彈軟黏，拌著醬汁結合油油的肉香。

INFO ／阿美飯店
地址／台南市中西區民權路二段 98 號
營業時間／週三到週一 11:00-14:00, 17:30-21:00；週二公休
INFO ／糯夫米糕
地址／台南市中西區府前路一段 359 巷 22 號
營業時間／週五到週二 10:00-17:00；週三、四公休

阿羨飯店

八寶冰

雞蛋布丁

雞肉豬肚鱉湯

炒鱔魚

紅蟳米糕

阿財米糕

糯夫米糕

福記肉圓

蝦仁肉圓
Steamed Shrimp Bawan

　　提到台南的蝦仁小吃，除了有名的蝦捲（Deep-fried shrimp roll）外，還有我特愛的蝦仁肉圓。舅舅推薦的福記肉圓不同於北部常見的油泡肉圓，福記蝦仁肉圓是用蒸的，在竹籠內蒸熟後，一份兩三顆、小小的肉圓，沾著偏甜的粉橘色米醬汁。我喜歡另外加一點辣醬，軟嫩的糯米外皮包裹著大塊的肉餡及脆蝦仁，還有自助式的大骨湯可供搭配。

蝦仁肉圓

蝦仁飯

煎鴨蛋

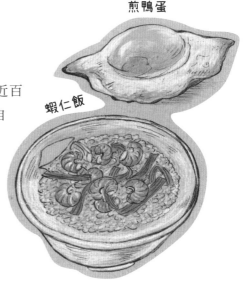

蝦仁飯

　　矮仔成的蝦仁飯創立自 1922 年，是近百年歷史的府城小吃。蝦仁飯美味的關鍵來自鄰近安平港、興達港當天現撈，人工現剝、去腸泥的新鮮火燒蝦仁；且製作出像是日式炊飯的溼潤口感，用炒蝦剩餘的高湯與米飯拌炒，使米粒吸附住甜鹹的高湯，最後鋪上蝦仁，加上一顆半熟煎的鴨蛋鋪在飯上，一起拌吃簡直人間美味。

INFO ／福記肉圓
地址／台南市中西區府前路一段 215 號
營業時間／每日 06:00-18:30

INFO ／矮仔成蝦仁飯
地址／台南市中西區海安路一段 66 號
營業時間／週三到週一 08:30-19:30；
週二公休

意麵
Egg Noodles

　　台南常見的意麵是在麵粉中加了大量雞蛋、鹽巴而製成有嚼勁的「鹽水意麵」，或有人稱「福州意麵」。據傳源自明鄭時期，鄭成功手下的福州伙頭兵到台南鹽水製麵而命名；幾年前去福州旅遊時還一度認真地找尋福州意麵，卻怎麼也找不著。

　　另一種意麵則是油炸過的粗麵條，小時候跟媽媽去吃小荳荳鍋燒意麵，用的就是這種，吸飽湯汁的麵條超香；這種麵條經油炸定型方便久存，也因含有蛋白所以炸過後膨脹酥鬆，較容易吸收湯中美味，像是鍋燒意麵、鱔魚意麵等講究湯頭的料理，都會使用這種炸雞蛋麵。

梅仔冰

餛飩麵

乾意麵

意 麵 名 稱 由 來

意麵名稱的由來還有個有趣的說法，其一是因製作過程中，麵糰加入大量的蛋代替水，使得麵糰較硬，製作者揉麵時需費力，會發出「噫、噫、噫」的聲音，因而命名為「意麵」。

阿江鱔魚意麵

鱔魚意麵是每次來台南必吃的一道料理,這次跟在地朋友嘗嘗「阿江鱔魚意麵」。到達時已經開始排隊了,站在隊伍裡細細地觀察老闆俐落切著鮮紅色的鱔魚,接著熟練地灑調味料入炒鍋裡,大火翻炒鑊氣滿滿,再加入意麵。炸得酥鬆的麵條吸著黑醋調味的炒鱔魚醬汁;口感脆嫩的鱔魚,搭配溼潤的炒意麵,一勺勺送入口中,這道乾炒鱔魚意麵的確值得等待。

INFO ／阿江鱔魚意麵
地址／台南市中西區民族路三段 89 號
營業時間／週二到週日 17:00-00:00;週一公休

生牛肉湯
Beef Soup

說到台南獨有的特色早點，不能不提到溫體生牛肉湯！

現切的紅色牛肉淋上熱騰騰的湯汁，瞬間涮熟，變成粉紅色。雖然牛肉湯初始是為早起做工的人提供高營養早點，延續至今，已成了觀光客趨之若鶩，迫使許多人一大清早從被窩裡爬起來排隊的特色小吃。可惜的是，至今我還沒有成功過，反而幾乎都是在宵夜時段去吃。表姐推薦「文章牛肉湯」，一進門便看見工作人員在現場片生牛肉。點了生牛肉湯，外加一盤芥蘭炒牛肉，新鮮的牛肉入口軟嫩，蘸著醬料配薑絲，再來一口熱牛肉清湯，淋漓暢快。

招牌牛肉湯

芥蘭炒牛肉

INFO／文章牛肉湯
地址／台南市安平區安平路 300 號
營業時間／週二到週日 10:30-02:00；週一公休

206

棺材板
Coffin bread

　　棺材板應該可以算是台灣小吃中，名稱數一數二令人聞之色變的吧。阿公說傳統棺材板是將厚片吐司的中心挖空，內餡中有內臟，上頭再放一片吐司蓋，因其外型而命名為棺材板。

　　來到老字號「赤崁棺材板」。菜單上有玉米和咖哩兩口味可選擇，將烤得金黃焦脆的吐司麵包中間挖空後，盛裝像是濃湯的醬汁。

INFO／赤崁棺材板
地址／台南市中西區中正路康樂市場 180 號
營業時間／週四到週一 11:00-20:00；週二、三公休

小卷米粉

Rice Noodles with Squid

台南沿海靠港，可以想像會有豐富的新鮮海產。小卷米粉的新鮮程度可從大鍋的米粉湯中散發出的鮮味、粉紅色澤的湯頭、小卷的彈牙程度感受出來。

來到邱家小卷米粉店門前，早已有男男女女殷切地引頸盼望著。浮在米粉湯鍋上的切片小卷被俐落地盛裝分碗。小卷米粉使用粗米粉，但重點在湯頭，喝一口湯，果真鮮甜不已，大家都說台南口味偏好甜味，不禁懷疑難道湯頭也加了糖嗎？

INFO ／邱家小卷米粉

地址／台南市中西區國華街三段 251 號

營業時間／週二到週五 11:00-17:00；週六、日、一公休

清吉水果行

台南隨處可見的水果行，不僅可買到新鮮水果，更能現點果汁、冰品，甚至是現切水果盤。這樣的銷售模式真的很便利顧客，可以直接來一盤立即享用。記憶中南部口味的薑汁番茄切盤，一定會搭配獨特口味的薑味醬油蘸料，裡頭有薑、糖、醬油、甘草，以代替風味不足的水果提味。

另一個獨特記憶是媽媽會特別經過水果行買「布丁」。傳統的手工雞蛋布丁，小小一個布丁體有著蒸過的氣孔，濃濃的雞蛋味搭配焦糖香甜，真的很好吃，這只能在傳統的水果行買得到。

綜合牛奶

番茄切盤

INFO ／清吉水果行
地址／台南市中西區府前路一段 294 號
營業時間／週一到週六 11:00-00:00；週日公休

永樂市場

蚵仔煎
Oyster Omelet

蚵仔煎的發源地在台南？有一個說法，鄭成功時期荷蘭人斷糧，幸好安平古堡鄰近安平港，安平港養蚵，於是沿海駐軍就地取材使用蚵仔、地瓜粉、雞蛋製作成蚵仔煎。

新鮮蚵仔在產地現剁現賣，不必因為長途運送、浸在水中，所以顆顆肥美碩大、鮮美無比，做出來的蚵仔煎當然豐盛多汁。除了蚵仔外，製作蚵仔煎另一個重要關鍵食材是番薯粉。純番薯粉調出香醇濃郁的粉漿，再以適當比例的太白粉加水勾芡後呈現黏Q口感，煎到邊邊變得脆脆的；再來是雞蛋的選用，搭配小白菜，有些南部的店家會加入豆芽菜，吃時再淋上以味噌、番茄醬、甜辣醬、醬油等混合熬成的山海醬汁。

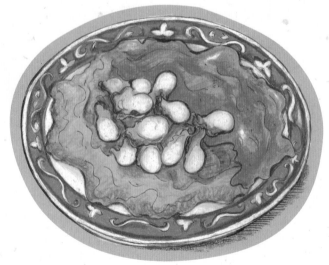

石精臼蚵仔煎

石舂臼本意是呼應米街、搗米、碾米、製米工人聚集的地方。來到永樂市場附近的石精臼蚵仔煎,小小的店面除了販售蚵仔煎外,還有很豐盛的香菇飯湯。這裡的蚵仔煎除了使用基本的雞蛋、番薯粉與蚵仔,亦摻了肉燥、豆芽菜的獨家製法,最後淋上「靈魂」,即那不可或缺的橘紅山海醬汁。記得姐夫點了一份「蚵仔煎不加蚵仔」,就是所謂的蛋煎。我想,或許蚵仔煎可以沒有蚵仔,但醬汁是絕對不可少的美味關鍵。

杜馬青草茶

位於永樂市場轉角,招牌上有一個顯著的蟾蜍標誌,剛好適合餐後來一杯青草茶解膩。青草茶內容物含有珠仔草、年仔草、尾草、火路草、薄荷、黃花蜜草、白鶴靈芝熬煮而成,黑色的色澤湯汁,口感微苦沁涼。

INFO ／石精臼蚵仔煎
地址／台南市中西區國華街三段 182 號
營業時間／每日 07:00-18:00

INFO ／杜馬青草茶
地址／台南市國華街三段 183 號
營業時間／每日 07:00-20:00

富盛號碗粿

　　點上一份碗粿，配上魚羹湯，在富盛號碗粿新裝修的店面用餐，一整面排列整齊的碗，用勾藍邊的小瓷碗盛裝。碗粿裡摻有肉塊、香菇，淋上深色醬汁；醬汁不僅調味，也將配料與食材及富彈性的粿口感融合為一。濃稠勾芡的魚羹湯猶如台南一貫的偏甜口味，可能不是所有的人都吃得慣的，但的確是台南味的一大特色。

虱目魚羹

口味
偏甜
的湯頭

碗粿

有肉塊、
蝦米仁，
彈牙的口感，
淋上甜醬油膏

INFO ／富盛號碗粿
地址／台南市中西區民族路三段 11 號
營業時間／週五到週三 07:00-17:00；週四公休

椪糖
Honeycomb Toffee

每次經過台南孔廟，就會看到對面有一排坐在矮凳上煮椪糖的觀光客，媽媽說椪糖是兒時的甜點，特地帶我玩一次試試。我用一個勺子上加上紅糖、黑糖、水和小蘇打粉，在炭火上煮至沸騰，再用木棒攪拌至濃稠，糖化反應瞬間膨起，再用竹籤插成椪糖棒棒糖，單純的糖帶點焦香，相當酥脆甜膩。

白糖粿
Taiwanese Churros

國華街轉角上小小的攤子，「台南林家白糖粿」是賣炸蕃薯椪、芋頭餅、白糖糕的老字號攤販。我跟妹妹對那種炸得白白膨膨的白糖粿情有獨鍾。白糖粿是一種用糯米製成的甜點心，有點像是炸麻糬的感覺。若要比擬，我會跟外國朋友形容說這就是台版的 Churro。

趁著剛炸好、起鍋尚餘熱油的外皮，再裹上一層白糖粉，酥酥脆脆的外皮，加上白糖脆粒，一口咬下，內部 Q 彈軟嫩的麻糬，卡滋卡滋在口中作響，即使吃到滿嘴糖粉也在所不惜地完食一整份。甚至會順道買一大袋回程時大啖一番。

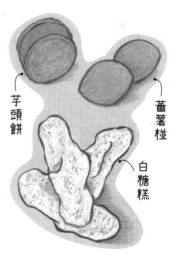

芋頭餅

蕃薯椪

白糖糕

INFO ／台南林家白糖粿
地址／台南市中西區友愛街 213-2 號
營業時間／每日 11:30-18:30

📍 高雄

　　高雄是南台灣的文化中心，也是歷史上對外聯繫的重要窗口。這裡可以看見西方與日本文化的足跡，在傳統文化基礎上，逐步融合多元兼容的樣貌。例如鹽埕區高雄的第一個百貨商場「高雄銀座」便是參考日本銀座商店街興建而成，販售和洋的奢侈品，另有酒吧、咖啡廳等時髦娛樂場所，不過隨著市中心轉移，逐漸風華殞落。記得來此參觀時，曾經過新興咖啡民宿「銀座劇場」，它隱身在這老商店街內，古今對比十分有趣。

　　另外有高雄小香港之稱的左營果貿社區，是由半弧形建築所組成的國宅老社區，提供榮民、海軍軍眷居住，密集程度形成了特殊的眷村風貌。假日早晨來到果貿社區剛好有早市以及跳蚤市場，整條街都擺滿了各式的二手老物，非常熱鬧！社區內也有老字號的豆漿早點，在「美紅豆漿」買了豆漿油條、酸菜蛋餅當早點，在公園裡邊吃邊聽長者聊天，有種獨特的眷村生活情懷。

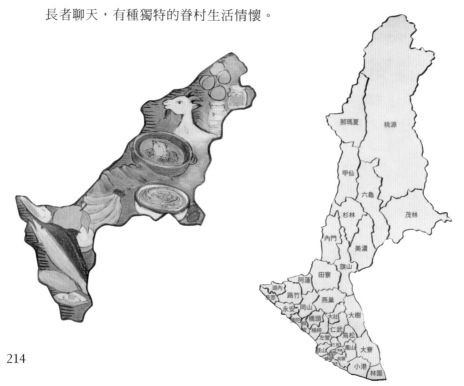

高雄雖然這麼大，以往卻僅止步於市區，後來因一項地方藝術創作的特展計畫，有幸跟隨在地人的腳步去到不同地區，像是到月世界的土雞城吃麻油麵線、炒檳榔花；在旗山老街買香蕉蛋糕、「台青蕉」，還有香蕉花茶、香蕉皮牛奶等飲品，再到「常美製冰」吃香蕉冰；傍晚來到蚵仔寮魚市場買海產，體驗代客料理，堆疊不同以往在高雄都會區內的飲食記憶。

旗山

常美製冰

香蕉冰

旗山

香蕉蛋糕

香蕉皮牛奶

香蕉酵素

香蕉花茶

高雄月世界

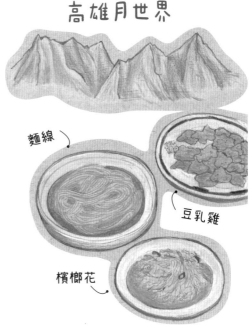

麵線

豆乳雞

檳榔花

INFO ／美紅豆漿
地址／高雄市左營區果峰街 5 號
營業時間／週四到週二 05:00-12:00；
週三公休

INFO ／常美製冰
地址／高雄市旗山區文中路 99 號
營業時間／週三到週一 09:00-18:00；
週二公休

美迪亞漢堡

　　說到鍋燒意麵，那可是高雄、台南的日常美食，甚至被當成早點來吃！用小鍋子燒煮的鍋燒意麵，除了炸過的團狀意麵是靈魂外，湯頭也是美味精髓，加入蝦子、魚丸、蛤蜊、肉絲、青菜，最後再打入一顆蛋。「美迪亞」的店家會詢問你要不要加沙茶，一小勺的沙茶使湯頭更濃也增添點油香。滾燙剛起鍋的鍋燒意麵放在小鍋子架上看起來格外美味，但也容易燙口；給人用料豐富，獨享小火鍋般的錯覺，驚訝一碗小鍋燒意麵裡頭竟藏有四、五隻蝦子，於是不知不覺也學起在地人將蝦子撈起掛在碗緣待涼的獨特吃法。

INFO ／美迪亞漢堡 總店
地址／高雄市前金區六合二路 124 號
營業時間／週一到週六 07:00-16:00

216

丹丹漢堡

　　「丹丹」大概可以說是南台灣最在地的台式靈魂速食店，將美式與中式餐點混血，不僅有漢堡、地瓜條，還有台式口味變化：赤肉麵線羹、五穀瘦肉粥！早餐吃漢堡搭一碗麵線，可說是異常顛覆想像的組合。丹丹在 1984 年高雄前金區創立第一間店，至今有著台灣速食南霸天的稱號。

赤肉麵線羹

三杯雞堡

INFO ／丹丹漢堡
地址／高雄市前金區七賢二路 224 號
營業時間／週三到週一 07:00-21:00；週二公休

苓雅油煎肉圓

四神湯

用油煎的肉圓

　　從北炸到南蒸，位於高雄苓雅區竟有間用「煎」的肉圓。油煎肉圓從早營業至午餐時段，攤位前的來客絡繹不絕，還得抽取號碼等待點餐。煎台上一顆顆圓滾滾煎至金黃色，還帶點微焦感的肉圓，起鍋前剪開、淋醬，上桌時可見肉圓焦焦脆脆的外殼，色澤非常引人遐思。除了油煎肉圓，店內還有筒仔米糕、四神湯等小吃。

過魚湯

肉燥飯

柏弘老店過魚湯

　　魯肉飯在南部通常稱做肉燥飯，「柏弘老店」的肉燥飯是切丁油亮的肉燥，滷汁入味鹹香黏口，配一碗鮮魚過魚湯。魚肉沾醬油、哇沙米，清爽的薑絲湯頭，配一碗肉燥飯剛剛好。柏弘老店的肉燥飯我一吃驚豔，如果我住高雄應該會經常前往報到！

INFO／苓雅油煎肉圓
地址／高雄市苓雅區文武三街 55 號
營業時間／週二到週日 09:30-14:00；
週一公休

INFO／老店柏弘肉燥
地址／高雄市苓雅區青年一路 167-2 號
營業時間／週三到週一 17:00-00:30；
週二公休

前金肉圓肉粽

　　這天來到前金市場，碰巧是端午節，店家親切地說到，端午節期間只供應粽子、沒有肉圓哦。有花生粽、肉粽兩種口味，都是南部粽的做法。花生粽內僅有花生及糯米，吃得到單純的花生香及糯米香，伴隨著粽葉的香氣；肉粽內有鹹蛋黃、豬肉、香菇餡料。以往對於南部粽的印象是較大顆，份量十足，因此對前金小巧的肉粽份量印象特別深刻。小巧的粽身對我來說剛剛好，在炎熱的天氣下一次吃兩顆也沒有負擔。糯米與餡料的比例即使單吃、沒有加任何醬料也十分好吃。

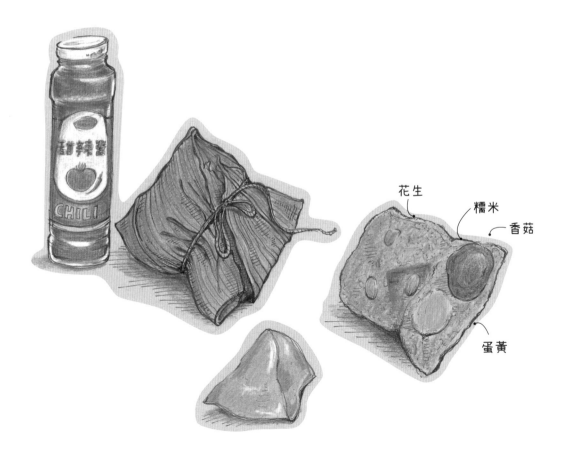

花生

糯米

香菇

蛋黃

肉粽泰 Tai

　　說到南部粽的經典代表，大家均推薦老店「郭家肉粽」，但來到店址才發現名字已改為「肉粽泰 Tai」，因原老闆後繼無人，傳給弟子後改以新的店名繼續經營。淺色糯米、大顆份量十足，淋上古早味醬油膏、灑上滿滿的花生粉，吃得到南部粽蒸煮後的軟糯口感，另外也有碗粿、四神湯。

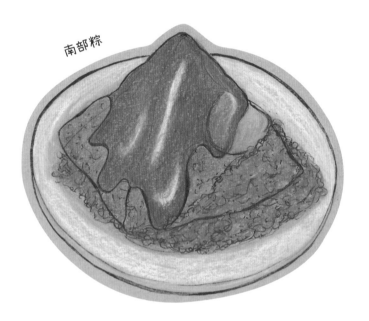

南部粽

INFO ／前金肉圓肉粽
地址／高雄市前金區自強二路 144 號
營業時間／週二到週六 07:00-13:30；
週日、一公休

INFO ／肉粽泰 Tai
地址／高雄市鹽埕區新興街 289 號
營業時間／每日 07:00-21:00

南 北 粽 差 異

　　在台灣，粽子分為北部粽與南部粽，除了煮法不同外，也有餡料上的差異。有別於使用生的長糯米，僅加入簡單的花生及豬肉塊，水煮而熟的南部粽；北部肉粽大多使用圓糯米，加入金勾蝦、油蔥、醬油拌炒成有醬色的熟糯米後，再將糯米塞入倒錐形的粽葉中，填入內容豐富的餡料，如鹹蛋黃、肉塊、香菇等，用蒸的方式二次煮熟且將食材與糯米入味，因此北部粽的糯米顏色較深。

　　例如位於大橋頭旁的老攤位「阿欉大橋頭肉粽」，賣了七十年的北部粽，雖是使用長糯米，但米粒略軟，內餡加入五香肉、栗子、鴨蛋黃。剛從蒸籠裡出爐的肉粽，撥開粽葉。冒煙的糯米呈現出油亮亮的醬油色澤，淋上紅橘色的甜辣醬汁後食用，美味的令人想再吃一顆！

　　而且粽子的種類繁多，除了糯米製成的肉粽，還有素的花生粽、加入鹼粉沾糖吃的甜鹹粽，甚至還有用炊粿包入鹹料的客家粿粽等，大多以月桃葉、桂竹葉、麻竹葉為包材。

北部粽

INFO ／阿欉大橋頭肉粽
地址／台北市大同區延平北路三段 19 號銀行門口
營業時間／每日 17:30-00:00

鹽埕區

鴨肉珍

　　這回來到鹽埕一帶，到了傍晚時分經過老店「鴨肉珍」，遠遠就看見長長的隊伍等著點餐，不僅是鴨肉飯、下水湯、鴨米血令我垂涎，更吸引住我目光的是店家驚人的人腦點餐系統記憶力，客人直接口頭點餐後入座，店家大聲覆誦點餐內容，整個灶台內好幾個人員各就各位開始一個接一個備料、煮熟、盛飯、淋醬、端菜、送餐、收費，整個流程合作無間，令人瞠目結舌。一碗淋著肉臊與鴨肉的鴨肉飯、綜合下水湯、一份鴨米血就這樣端上桌。

INFO ／鴨肉珍
地址／高雄市鹽埕區五福四路 258 號
營業時間／週三到週一 10:00-20:20；週二公休

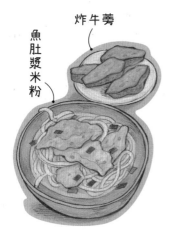

炸牛蒡

魚肚漿米粉

大溝頂虱目魚米粉湯

　　隱藏在大溝頂巷內，有間老店賣著虱目魚肚漿米粉，從清晨營業到午餐時段，虱目魚肚湯、魚肚漿湯都可以加入米粉，大塊的魚肚漿吃得到虱目魚肚的油脂與魚香，再切一份微甜的炸牛蒡，份量十足。

小堤咖啡

　　尋到位於巷內的「小堤咖啡冷飲」，從門口步入有種時光穿梭感，古典的門面、深棕色革製沙發座椅、深木色吧台裝潢、大理石矮桌，還有一股淡淡的菸草味。店家婆婆從櫃檯走出來迎接，直接問要喝什麼咖啡，冰的還是熱的？濃的還是淡的？

　　另外還可以點古早味火腿煎蛋，要煎蛋還是散蛋？坐在店裡聞著虹吸式咖啡香與煎蛋的油香，婆婆說以往附近有戲院時，絕對是難忘的繁華光景：充斥著許多酒吧和商店。還告訴我們「咖啡店」與「咖啡廳」名稱上的差異，在以前的年代，咖啡店是賣咖啡的地方，咖啡廳則泛指特種娛樂場所。一開始我不小心說錯，立馬被婆婆糾正：這裡是「咖啡店」不是「咖啡廳」喔！

INFO ／大溝頂虱目魚米粉湯
地址／高雄市鹽埕區新樂街 198-38 號
營業時間／每日 05:30-13:30

INFO ／小堤咖啡
地址／高雄市鹽埕區鹽埕街 40 巷 10 號
營業時間／週三到週一 08:30-18:00；
週二公休

鮮奶茶／紅茶牛奶
Fresh Milk Tea / Black Milk Tea

　　說鮮奶茶是高雄的飲料應該不過分，在鹽埕區有好幾間人氣奶茶老店「樺達奶茶」、「双妃奶茶」……形成奶茶一條街，各家奶茶的茶香與鮮奶的比例均不相同。在鴨肉珍隔壁還有一間老茶行「香茗茶行」，自 1946 年經營至今超過七十年，除賣茶葉之外還有霜淇淋、外帶茶飲可供選擇，招牌鮮奶茶使用古早味紅茶加上高大牧場鮮乳，口味清香。

老江紅茶牛奶

濃郁口感
紅茶牛乳

金沙蛋黃
吐司

　　1953 年開創，從創業開始就是 24 小時營業，可謂是宵夜時段到早點的好選擇。除了各式吐司、蛋餅、小點，半夜若來上一份金沙蛋黃吐司和紅茶牛奶剛剛好，濃郁茶香口感的紅茶牛奶讓人喝了便無法停下來。紅茶牛奶不加冰塊，而以冰鎮法維持統一口味，此外店內還有自民國 42 年從美國軍艦拆下的烤麵包機使用至今，烤出來的土司香酥鬆軟！

INFO／樺達奶茶
地址／高雄市鹽埕區新樂街 101 號
營業時間／每日 09:00-22:00

INFO／香茗茶行
地址／高雄市鹽埕區五福四路 264 號
營業時間／週一到週六 09:00-21:00、
週日 10:00-21:00；週三公休

INFO／双妃奶茶
地址／高雄市鹽埕區新樂街 173 號
營業時間／每日 09:00-21:00

INFO／老江紅茶牛奶
地址／高雄市新興區南台路 51 號
營業時間／每日 24 小時營業

阿婆彈珠汽水綜合茶

聽在地人說鹽埕區大勇路上的土地銀行前有一個賣古早味飲料的老攤子「阿婆彈珠汽水綜合茶」，用彈珠汽水、冬瓜茶、金桔檸檬梅子茶做成特調飲料，結合冬瓜的甜、檸檬與梅子的酸，還帶汽泡，杯裡再丟入一顆梅子，這樣的組合在夏日喝起來的確消暑又解渴，就連彈珠汽水也是用高雄在地的榮泉彈珠汽水。婆婆的獨特創意深受在地學生的歡迎！

李家圓仔湯

「李家圓仔湯」店前燈箱上列著簡單的四樣：紅豆湯、圓仔湯、花生湯、綜合冰，木製的檯子上陳列各種可供任選的料，紅豆、綠豆、芋頭、薏仁、粉角……想吃熱甜湯或一碗冰涼的都可以，吃飽後喝上小小一碗甜湯有種踏實的滿足。

INFO／阿婆彈珠汽水綜合茶
地址／高雄市鹽埕區大勇路 131 號
營業時間／每日 12:00-22:30

INFO／李家圓仔湯
地址／高雄市鹽埕區五福四路 234 號
營業時間／週二到週日 12:30-20:00；
週一公休

旗津

胡椒手工魚麵

　　搭渡船到旗津一覽各式船隻、軍艦的海港風景。吹著海風，看海水波光粼粼，彷彿時間都慢了下來。抵達旗津，周圍瞬間熱鬧了起來，老街上充滿各式攤販，販賣包著水煮蛋的炸旗魚黑輪、烏魚子、烏魚腱（烏魚的胃）等。轉進一旁安靜的小巷中，一個小攤位吸引了我的目光，招牌上寫著「胡椒手工魚麵店」，點了一份綜合魚麵，裡頭有手工魚餃、蝦餃和貢丸。扁扁的魚麵麵條有著不規則的波浪邊，彈牙的口感和香氣讓人一口接著一口、淅瀝呼嚕就吃光光，更別說手工魚餃、蝦餃的彈性與新鮮度了，真希望也能在台北吃到這一味！

手工魚餃

綜合魚麵

手工蝦餃

魚麵
手工魚麵餃
手工魚餃
手工蝦餃

INFO ／胡椒手工魚麵店
地址／高雄市旗津區通山路 44 號
營業時間／週六到週日 11:00-15:00；週間公休

萬二小吃店

　　步行至旗津燈塔看風景，再到砲台散步是很不錯的觀光行程。因為男友愛釣魚成痴，車上隨時帶著釣竿，這次來到旗津便嚷嚷著要到海邊拋兩杆。傍晚我們隨著一群釣客到港邊釣魚，我在一旁吹吹海風，望著海邊的夕陽風景與拍打至岸邊的浪。外地人初來乍到一無所獲，於是作罷，乾脆去吃海產，來到釣友推薦的「萬二小吃店」，點餐形式兼具自助餐及客製化服務。我們兩人點了清蒸龍膽石斑、炒海瓜子、豆豉鮮蚵，記得蚵仔每一顆都跟湯匙一般大，超級滿足，海鮮新鮮份量很多，價格實在。吃飽回程，結束一日完美的海港行。

旗魚黑輪包蛋

INFO ／萬二小吃店

地址／高雄市旗津區北汕巷 50-60 號

營業時間／每日 11:00-21:00

屏東位於台灣最南端，常被稱為南國，步入屏東彷彿來到了不同的國度，越往南端恆春半島越能感受到度假氛圍。屏東物產豐富，像內埔盛產可可、三地門山區產咖啡。地方美食除了名氣很旺的萬巒豬腳、萬丹紅豆餅之外，還有不容易在其他縣市找到的特色飲食及小吃，對屏東有種相見恨晚的感覺！

　　這趟屏東之旅由北往南，沿途經過屏東市區、內埔、潮州、東港、車城，一直到恆春，一群人一路玩一路吃，開啟難忘的屏東自駕旅程！

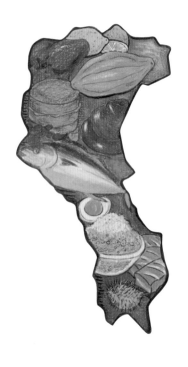

　　這次跟巧克力職人夫婦阿天與阿慧去可可莊園，拜訪可可生產者。還記得第一次看到可可果實是在南美洲，但親自來到可可園卻是頭一遭，原來在屏東就能近距離觀察到巧克力的原料。

　　來到位於竹田鄉的「藍町可可咖啡莊園」，走進可可園，親眼見到可可樹上結著紅色、黃色、橘色、綠色等顏色豐富的可可果實，好不真實！近看還看得到可可的花從樹幹上竄出，超級可愛。體驗親自採摘可可果實與品嘗新鮮現採的可可果肉。白色的可可豆仁果肉雖然不多，卻嘗得到酸酸甜甜的風味，還帶點特殊香氣，我們也品嘗了以可可果肉萃取而成莊園自製的可可蜜露，香甜可口！

可可果

可可露

藍町可可
咖啡莊園

豆仁

INFO／藍町可可咖啡莊園
地址／屏東縣竹田鄉永豐路 29 號
營業時間／週六、日 10:00-18:00；週間不營業

東港

黑鮪魚、櫻花蝦、油魚子是東港三寶。東港是台灣最大的黑鮪魚產區，早年以外銷日本為主，每年到了五、六月，屏東就會舉辦東港黑鮪魚季，除了華僑市場之外，漁貨賣場也可以吃到新鮮的黑鮪魚；你可在現場看攤販現切、捕撈鮪魚，非常壯觀！更有現場稱斤論價吃生魚片的漁港體驗。推薦大家可以請店家一次切三種黑鮪魚部位：如金三角、上腹、赤身，品嘗不同油花比例分布的口感。

東港華僑市場

漁郎生魚片

黑鮪魚生魚片

螃蟹味噌湯

香腸、粿、蝦米、湯

葉家肉粿

　　肉粿是東港特色小吃，有許多店家販售。「葉家肉粿」已經傳承至第三代。粿本身沒有調味，是以在來米炊製，先磨成漿後，蒸熟即成粿。一碗肉粿除了有白色切成長條狀的粿，還加入了三層肉、蝦猴、香腸、臘肉、香菜，最後淋上勾芡高湯，就是一碗有湯的粿。湯頭香辣、口味濃郁，用剁碎的虱目魚骨來熬煮；肉粿切成長條塊，再淋上熬煮多時的湯。

綜合
碳烤饅頭

佳吉飲料店

　　晚間來到位於東港的宵夜限定美食「佳吉飲料店」。有趣的是，這裡販售獨特炭烤饅頭，店家在燒著炭火桶的烤架上，烘烤小巧的自製白饅頭，烤至微焦脆，再淋上煉乳成甜饅頭；或是抹上奶油，夾入餡料：如烤肉片、小黃瓜、肉鬆、煎蛋、火腿的總匯饅頭，亦非常美味！

INFO ／葉家肉粿
地址／屏東縣東港鎮光復路三段 156 號
營業時間／每日 09:00-14:30

INFO ／佳吉飲料店
地址／屏東縣東港鎮中正路 128 號
營業時間／每日 05:00-10:00, 18:30-02:30

231

車城

綠豆蒜
Sweet Mung Bean Soup

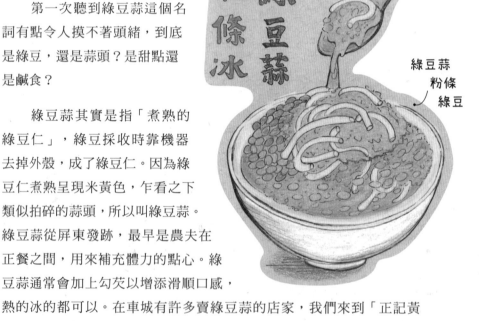

黃家粉條冰 綠豆蒜

綠豆蒜
粉條
綠豆

第一次聽到綠豆蒜這個名詞有點令人摸不著頭緒，到底是綠豆，還是蒜頭？是甜點還是鹹食？

綠豆蒜其實是指「煮熟的綠豆仁」，綠豆採收時靠機器去掉外殼，成了綠豆仁。因為綠豆仁煮熟呈現米黃色，乍看之下類似拍碎的蒜頭，所以叫綠豆蒜。綠豆蒜從屏東發跡，最早是農夫在正餐之間，用來補充體力的點心。綠豆蒜通常會加上勾芡以增添滑順口感，熱的冰的都可以。在車城有許多賣綠豆蒜的店家，我們來到「正記黃家綠豆蒜」時正值夏季，沒什麼胃口時來上一碗，裡頭有綠豆蒜、粉條、綠豆，還有碎冰、糖水，冰涼順口非常消暑！

INFO ／正記黃家綠豆蒜
地址／屏東縣車城鄉福安路 3-36 號
營業時間／週間 10:00-16:30、週六、日 09:30-17:00；週三公休

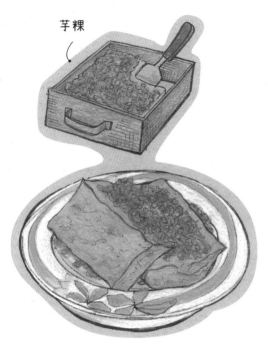

芋粿

車城阿品芋粿

在車城有間賣著芋粿的小攤子，將蒸好的芋粿放置在方形的金屬容器內，上頭擺滿一層棕色的醃蘿蔔乾。現點的話，老闆會用鏟子現場切塊，放到碗裡，自行淋上醬油、辣椒調味。芋粿吃得到紮實的芋頭塊，非常香濃，是極獨特的小吃。

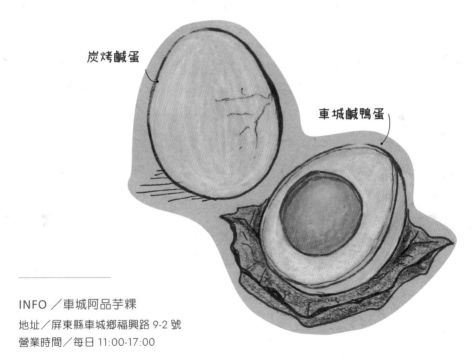

炭烤鹹蛋

車城鹹鴨蛋

INFO ／車城阿品芋粿
地址／屏東縣車城鄉福興路 9-2 號
營業時間／每日 11:00-17:00

潮州

燒冷冰

芋頭　　　手工湯圓

　　燒冷冰（冷熱冰）顧名思義就是
「冰熱交融」，因料多為現煮，從鍋
裡撈起時熱騰騰的料擺在盤子底部，
上頭蓋上碎冰，湯匙舀下送入口中，
有冷熱雙重口感。

紅豆
綠豆

　　燒冷冰在潮州圓環邊有兩家店
販售，「阿倫冰店潮州燒冷冰」和對
面的「正老牌潮州冷熱冰」。「阿倫冰店」創立
於民國 54 年，古早味的白色磁磚製灶台上擺滿了各種現煮好料，每樣
看起來都燉煮得極美，尤其是親眼看店家手工現場捏湯圓下鍋在滾水
中煮，形狀不規則的白色小湯圓在鍋中載浮載沉。櫃台貼著告示：綜
合燒冷冰吃法，1. 不要攪拌、2. 從旁邊舀起來吃、3. 先吃湯圓（我覺
得可以多加一條，不要拍照太久，冰融很快）。

　　綜合燒冷冰內容物有一大顆手工製的包餡湯圓，一咬下才發現裡
頭包著爆漿花生餡，另外還有手工小湯圓、綿密的芋頭、土豆仁、紅豆、
在地綠豆蒜等多種好料，還可以添加煉乳。吃燒冷冰時猶如挖寶藏山一
般驚喜連連。

INFO ／阿倫冰店潮州燒冷冰
地址／屏東縣潮州鎮新生路 149 號
營業時間／每日 09:00-22:30

INFO ／正老牌潮州冷熱冰
地址／屏東縣潮州鎮新生路 120 號
營業時間／每日 09:30-21:30

上好佳客式炒粄條

　　炎炎夏日，空氣中有股悶熱慵懶的味道，朋友帶我到潮州吃極獨特「粉紅色」的炒粄條！一小盤炒粄條用料豐富，可以吃得到魷魚、蝦仁、豬肉、豆芽菜、韭菜，以大火拌炒到清一色粉橘入味，顏色超特別，看著食慾大增！原來是加入了特色番茄醬調味、調色，連小孩都吃得津津樂道。潮州客式炒粄條創辦人曾慶明先生為客家子弟，在這裡將客家飲食發揚光大。

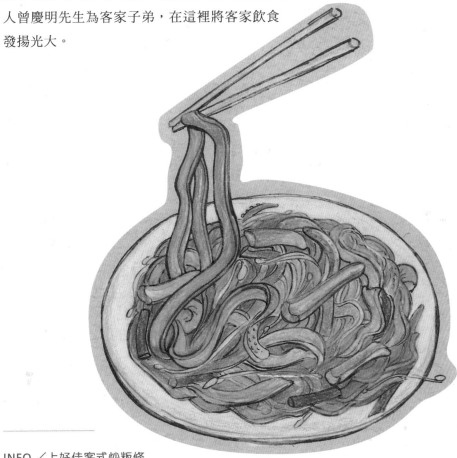

INFO ／上好佳客式炒粄條
地址／屏東縣潮州鎮建基路 171 號
營業時間／週日到週三 10:00-19:00；週四到週六公休

潮州宵夜

晚上來到一間宵夜店家，走進店有點狐疑，這裡白天為汽車隔熱紙廠，在晚間八點後搖身一變，擺上矮桌椅，成為在地人晚間來覓食的「潮州宵夜」。菜單內容很像早餐店，有吐司、蛋餅、酥皮、厚片、鬆餅、飲料及炒泡麵等琳瑯滿目的口味選擇。奶酥厚片還有季節限定的水果奶酥口味，像是草莓奶酥、芒果奶酥等給料超豐富。

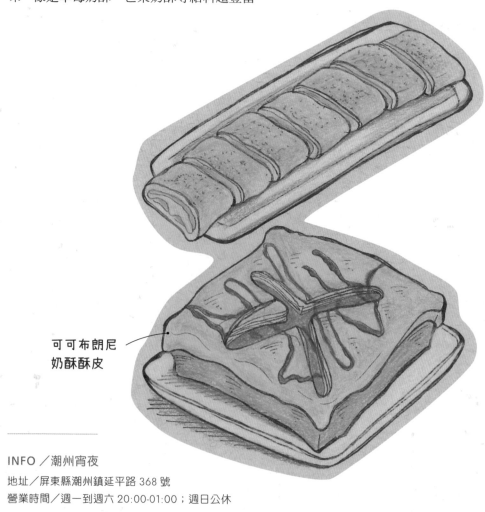

可可布朗尼
奶酥酥皮

INFO ／潮州宵夜
地址／屏東縣潮州鎮延平路 368 號
營業時間／週一到週六 20:00-01:00；週日公休

恆春

刺鮭米粉

　　在恆春墾丁吃海鮮，絕對不可錯過一道在地料理「刺鮭米粉」。所謂刺鮭原來就是「河豚」，無毒的河豚因為很多刺不受歡迎，「照利海鮮餐廳」便將刺鮭作成了米粉湯和涼拌魚皮，口感獨特，成為地方特色料理，值得一試！

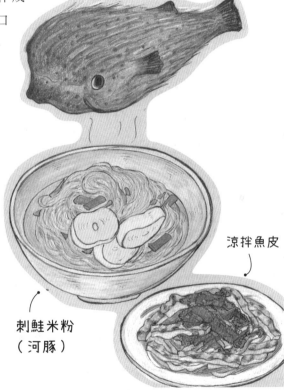

涼拌魚皮

刺鮭米粉
（河豚）

INFO ／照利海鮮餐廳
地址／屏東縣恆春鎮糠林南路 6 號
營業時間／週四到週二 11:00-14:00, 17:00-20:00；週三公休

宜蘭

　　從台北前往東岸的第一站—宜蘭，一出雪隧就有種瞬間舒心的感受，行駛過一大片反射天空的水田、田野間的農舍，農家生活風貌一覽無遺。宜蘭三面環山，一面臨海。由於地形阻隔，蘭陽平原昔日對外交通不便，這樣的環境間接使得宜蘭小吃保留了不少道地鄉土味及特有菜餚。閩式風味的老店攤販、有利保存的醃漬類食品、可以久放的煙燻鴨賞都是一例。我們一群人來到宜蘭三星鄉，住在包棟民宿中，旁邊就是安農溪，沿著田梗步行到溪邊就可釣魚，這般貼近自然的環境很難得。不禁想要坐在溪邊涼亭寫生，享受這片風景。

　　說到宜蘭的特色物產，第一個映入腦海的大概就是三星蔥！三星

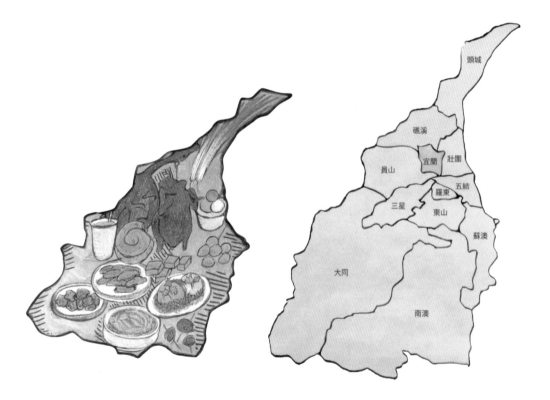

蔥並非品種名稱，只要種在宜蘭三星就可如此稱呼。影響三星蔥好吃的因素是環境與水質。蘭陽溪上游土壤肥沃、水質清澈，加上雪山山脈的西風與雨水，還有日夜溫差等。當然，還有一個最獨特的因素：「黏土」的土質。位於三星鄉的「星寶蔥體驗農場」，可以體驗拔蔥及三星蔥餅 DIY。

被大片的蔥田環繞，空氣中瀰漫著一股嗆蔥味，我們體驗自製蔥餅，從揉麵團到灑蔥花，把滿滿的蔥包裹起來，再捲起成蝸牛狀，就可以下油鍋煎了！酥脆的餅皮夾上蔥油香，吃到自己DIY的蔥餅，格外有成就感。

INFO ／星寶蔥體驗農場
地址／宜蘭縣三星鄉東興路 7-5 號
營業時間／每日 09:30-17:00

卜肉
Bu Meet

卜肉是將豬里
肌肉去除筋及油脂，
切成條狀，伴以佐料
和麵糊入鍋油炸，再
沾胡椒鹽或芝麻食
用。除了豬肉之外，
也可以將蔬菜透過
相同方式油炸食用，
台語稱作卜菜。

卜肉
豬里肌

菜炸：有
九層塔、高麗菜、
紅蘿蔔絲

味珍香卜肉店

「卜肉」據說最早來自於味珍香卜肉店，酥脆的外衣麵皮蘸上
一點胡椒鹽，裡頭包著豬肉條，有點像在吃美式迷你炸熱狗的錯覺，
不禁一口接著一口。第一代老闆習得日本天婦羅製法後，延續至今
已第五代。因宜蘭腔閩南語的「卜」發音為「炸」、「爆」之意，
便取「爆肉」諧音稱作「卜肉」。除了卜肉，店裡也有炸高麗菜、
九層塔、紅蘿蔔絲的「菜炸」，還有其他炒麵、炒菜，適合多人一
起前來分食享用。

INFO ／味珍香卜肉店
地址／宜蘭縣三星鄉三星路七段 305 號
營業時間／週三到週一 10:00-17:30；週二公休

西魯肉
Special Veg Stew with Fried Egg Crisp

　　來到宜蘭，推薦你一定要來吃吃看每日限量的古早味辦桌料理「西魯肉」，有大白菜、肉絲、香菇絲、紅蘿蔔絲、蝦米、蛋酥、香菜等食材。

四海居小吃部

　　使用煮黑白切的高湯熬煮，湯頭鮮美。西魯肉與「白菜滷」感覺有點相似，但更多了海鮮、鴨蛋酥等，還有勾芡，讓料更為豐富，也增添了些海味。

　　宜蘭市「第一（北館）公有零售市場」內，一排排橫掛交錯的黃色招牌映入眼簾，市場內有小吃攤位、臘肉店，還有一間百年老店「四海居小吃部」，傳承了許多道地宜蘭外燴菜。除了有「西魯肉」，還有各式黑白切，如粉腸、粉肝、鯊魚煙、曼波魚、魚蛋、白斬雞等可以請老闆配搭。粉腸是在地的小吃，在豬腸內灌入粉漿與配料，有時還會灌入豬肉丁以增加香氣。因宜蘭靠海港，會視每日新鮮的魚貨而有不同的驚喜，今天就有新鮮的鯊魚煙呢。

西魯肉

INFO ／四海居小吃部
地址／宜蘭縣宜蘭市康樂路 137 巷 9 號
營業時間／週二到週日 09:30-14:00；週一公休

餛飩

麻醬麵

一香飲食店

　　四海居小吃部隔壁還有一間老麵店「一香飲食店」，在門口就可以瞧見一大盤的現包餛飩，看起來十分新鮮。除了餛飩湯，還有麻醬麵、炸醬麵，超過一甲子的老店是在地人的日常銅板美食。

INFO／一香飲食店
地址／宜蘭縣宜蘭市康樂路 137 巷 7 號
營業時間／每日 06:30-17:00

蒜味肉羹
Pork Pottage with Garlic Flavor

　　北門蒜味肉羹始於民國 55 年，老闆媽媽的手藝延續了五十五年，至今，已成為宜蘭的特色美食。蒜味肉羹的豬肉條與魚漿調配比例適中，滑嫩有嚼勁。宜蘭人愛吃羹，可以找到許多羹類料理；但蒜味肉羹這一味確實是在其他縣市少見的味道，且名副其實，蒜味真的很重，羹湯裡還看得見白色蒜末漂浮在當中！愛蒜的人不要錯過！

宜蘭廟口紅糟魷魚

除了有油炸的紅糟魷魚，也有川燙魷魚沾醬。我自己特別喜歡炸過的紅糟魷魚，切成片狀上桌，那酥脆的口感搭上店家特製胡椒鹽，再配一碗熱呼呼的香菇粥，灑點白胡椒粉，簡直就是絕配組合。

INFO ／宜蘭廟口紅糟魷魚
地址／宜蘭市中山路三段 153 號
營業時間／每日 12:00-21:00

紅糟是什麼？

「糟」是指以酒麴釀酒後剩餘的渣滓，稱作「酒糟」。而紅糟就是紅麴和糯米釀酒後沉底的渣滓，其殘渣就叫做「紅糟」。

櫻桃鴨
Cherry Duck

　　來到宜蘭，會發現有許多的鴨肉料理，除了名產鴨賞以外，還有「櫻桃鴨」料理。在羅東夜市能看到攤販用櫻桃鴨入菜製作的創意小點。一開始聽到櫻桃鴨這個稱號，只覺得奇怪，難道這鴨的顏色像櫻桃嗎？還是鴨子是吃櫻桃長大的？其實被稱為「櫻桃鴨」是源自全球最大的肉鴨品牌，即位在英國的「櫻桃谷牧場（Cherry Valley Farms Limited）」。他們將北京鴨育種成繁殖能力及肉質都更好的品種後推廣到全世界，遂以「櫻桃鴨」聞名。改良後不僅油脂較少、較均勻外，肉質也較為細嫩，還能保持多汁，適合烤成脆皮。

紅樓中餐廳

　　說到櫻桃鴨料理，朋友推薦我們來蘭城晶英酒店內的「紅樓中餐廳」用餐，探探「櫻桃霸王鴨五吃」的魅力。

　　我們一群八人像吃宴席菜般圍坐在鋪紅色桌布的大圓桌，需事先預訂。入座後，二、三位廚師推出烤鴨車，直接在桌邊展示服務，片皮、肢解鴨肉，另一組人員將片下來的鴨皮製成握壽司，整體分工十分流暢；鴨肉還會再製成捲餅，帶骨鴨肉炒成三杯、熬鴨湯，五吃菜色為：

- 香滷鴨小拼
- 櫻桃鴨握壽司
- 片皮鴨捲三星蔥餅
- 三杯鴨骨煲 / 生菜包鴨絲
- 慢火白菜煲鴨湯

紅樓中餐廳

INFO ／紅樓中餐廳
地址／宜蘭縣宜蘭市民權路二段 36 號 6 樓
營業時間／每日 11:00-15:00, 17:00-21:00

甕窯雞
Urn Roasted

對礁溪難以抹滅的飲食記憶，或許是這裡的製法氣派，整隻連頭都一起窯烤的甕窯雞。看著從窯中取出的全雞，躺放在大盤上，一旁還附有一碗雞油、胡椒鹽、大蒜搭配調味食用。吃甕窯雞印象最深刻的大概就是要有人戴手套，手工一一拆解雞腿、雞翅、雞骨、雞皮的過程。最享受第一時間掐一片燙手又滴著油汁的微焦脆雞皮，蘸上胡椒鹽吃，超級滿足！再點幾道炒青菜超下飯，整隻雞的份量足夠三、五好友一起享用，當然可能也會面臨誰吃雞翅、誰吃雞腿的問題。

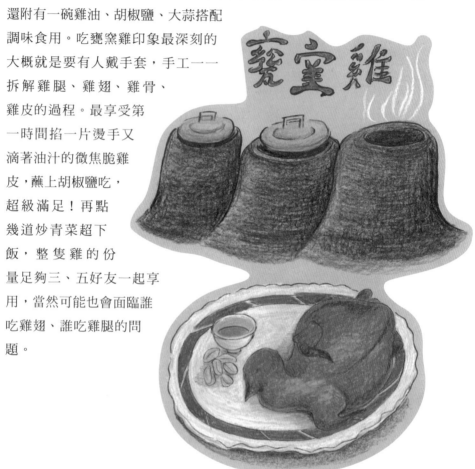

INFO／甕窯雞（宜蘭礁溪總店）
地址／宜蘭縣礁溪鄉礁溪路七段 7 號
營業時間／週一到週日 09:00-22:00

羅東夜市

　　來到宜蘭一定少不了到羅東夜市逛一圈，吃一輪在地小吃。在
地朋友推薦當歸羊肉湯，「阿灶伯」或「羊舖子」都各有擁護者。
另外還有許多宜蘭特色的小吃攤販像是蔥餅、一串心、照燒皮蛋、
卜肉、糕渣等，都可依照個人喜好嘗試。至於飯後甜點，建議可以
來一碗「羅東紅豆湯圓」，古早味的門面，軟嫩的小湯圓配上熬煮
綿密的紅豆湯，也是在地朋友帶我一試成主顧的店家！或是也可以
步行至距離夜市不遠處的小攤車，試試羅東限定的傳統古早味小點
心「嘟好燒」！

照燒皮蛋

當歸羊肉湯

紅豆湯圓

嘟好燒
Fried Red Bean Bread

　　是羅東限定的傳統古早味小點心，在其他地方吃不到的。賣著包著紅豆內餡的金黃色炸物串的老攤車，已逾五十年。

一串心
A String of Heart

　　是宜蘭特色美食。「一串心」的特色吃法就是在豆皮裡夾上香腸、叉燒肉、豬頭皮、雞胗、雞肝等，最後再夾上香菜、蒜苗或九層塔，再用竹籤穿成一串，最後依照個人喜好刷上甜辣醬即可。推薦嘗試一下有宜蘭特色的「粉腸」一串心。

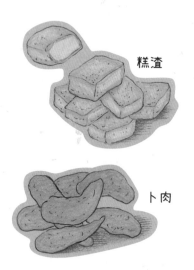

糕渣

卜肉

糕渣
Gao Jha

　　糕渣是宜蘭的特色著名小吃，第一次看到這樣酥脆的外皮和白色的內餡，容易令人聯想到炸豆腐或是炸鮮奶，但其實內餡是將雞肉、豬肉和蝦仁剁成泥，加入熬煮後的高湯，攪拌煮成漿狀，然後倒入盤中放置冷卻、凝固成形，再切塊、裹粉油炸。可算是油炸類的菜餚，因為內餡有熱燙的高湯，需小口品嘗。

頭城

花生捲冰淇淋
Peanut Roll Ice Cream

　　花生捲冰淇淋又稱春捲冰或冰淇淋潤餅，為宜蘭的特色小吃，在各大夜市或廟口都可以看到這項美食。其外觀形狀以及製作方式很像潤餅，先用刨刀刨削花生麥芽糖塊，放在潤餅皮上，接著在上頭擺入冰淇淋、灑上花生糖粉末以及香菜，然後再包捲起來，就可以吃了。

阿宗芋冰城

　　「叭噗～叭噗～」是傳統腳踏車沿街叫賣的喇叭聲，遠遠聽到就知道有冰可以吃了，後來「叭噗」也直接成為古早味冰品的代名詞。在宜蘭頭城有間老字號的「阿宗芋冰城」懷舊古早味冰店，至今仍以傳統方式製

作芋冰。「叭噗」跟冰淇淋不同之處在於它完全以食材原味製作，沒有加入乳製品及香料。「阿宗芋冰城」經營了六十年，至今堅持人工削芋頭皮以掌握品質，它的冰吃得到天然的芋頭香氣，且口感綿密香Q，可以說是台灣古早味、老一輩的兒時回憶。除了招牌的芋頭口味，還有紅豆、鳳梨、花生、桂圓、紫米六種口味可以選擇！

INFO ／阿宗芋冰城
地址／宜蘭縣頭城鎮青雲路三段 267 號
營業時間／每日 09:00-21:00

花蓮

　　花蓮雖然來過數次，但每每不過三五天的光景。作為全台占地最長的縣市，從最北一路往南至壽豐鄉、鳳林鎮、光復鄉、瑞穗鄉、玉里鎮、富里鄉，光車程就要兩個多小時，雖然無法每個鄉鎮都久待，但僅是馳騁在中央山脈與海岸山脈之間的道路風景就使人無比暢快。

　　這回來花蓮不同於以往，不單是旅行，更是出差。我收到來自花蓮的酒吧繪製酒單的工作邀約，剛好也想趁機去花蓮走走，便促成了這趟旅程。跟著導航來到吉安鄉，抵達時還以為搞錯了方向，因四周沒有什麼建築物或店家，車子停在一大片田地與山脈景色中，從外牆探頭才見隱身在民宿後一棟玻璃屋內的酒吧。當晚我們便在「奉珠吧」用餐、試酒。

令我意外的是，這個全預約制的酒吧，入夜後來用餐的人可不少！店內料理由調酒師小張的媽媽與弟弟負責，家常菜色有炒龍鬚菜、炒蘿蔔糕、手工水餃，還有超級罪惡的松露奶油薯條；美味不說，份量在酒吧裡可說是相當有誠意。

店裡主要提供調酒師以茶酒為基礎延伸的各式調酒，每杯都取了個詩意的命名。杯緣放上新鮮的香草、花卉作裝飾，這些裝飾來自酒吧後花園自家種植或附近的香草園。與店主聊天時，得知這裡原是他們的外公外婆家，經重新整理後，蓋了這間酒吧，從非餐飲本行的背景，一步步耕耘，言談之中能感受到兩兄弟在自己家鄉實現理想的那片熱忱。

步出酒吧時，附近幾乎沒有光害，抬頭一看星空熠熠，忍不住躺在地上欣賞片刻，好好內化這裡的人、事、物帶給我的一切感動。

INFO／奉珠吧
地址／花蓮縣吉安鄉福興大街 38 號 1 樓

美食路線

花蓮市區

黎明紅茶

開在巷內轉角處的「黎明紅茶」，是一間令人感到懷舊的早餐店，有著手寫招牌、菜單板，我還清楚記得那天點了一份早餐店較少見的黃瓜絲蛋餅配紅茶杏仁呢！

廟口紅茶

第一次經過「廟口紅茶」就對它古早味的門面印象深刻，尤其是那白色磁磚的櫃檯、玻璃點心陳列櫃，還有幾根貼著紅茶、酸梅、杏仁標示的鋼管；來這裡吃早餐除了可感受空間的年代感，還有吸引我目光的玻璃櫃子裡堆疊的小西點，它們被稱作台式馬卡龍，有米黃色原味、粉紅色草莓口味，還有棕色的咖啡口味。小西點不同於常見的圓型尺寸，尺寸較大且呈現長條形。買一包當作伴手禮或是路程上的點心都極具懷舊風情。

INFO ／廟口紅茶
地址／花蓮縣花蓮市成功街 216 號
營業時間／週四到週二 06:00-22:00；週三公休

INFO ／黎明紅茶
地址／花蓮縣花蓮市南京街 185 號
營業時間／每日 06:00-19:30

液香扁食店

說到花蓮老字號美食推薦，許多在地人推薦扁食，有人推薦「液香扁食店」、也有人推薦「戴記扁食店」，於是兩間我都去嚐嚐。「液香扁店食」門樓寫著自 1942 年，七十年老店，別無分號。店裡只賣一樣──「扁食湯」，湯頭有自家炒製的油蔥酥、芹菜丁。牆上還掛有已故總統經國先生來店裡用餐的老照片。

戴記扁食

另一間「戴記扁食」店裡也只賣一種產品，就是鮮肉扁食。湯頭清爽，僅有簡單的芹菜、油蔥，也可以自行加入白胡椒、醋來調味。想吃「戴記扁食」不容易啊，撲空了好幾次，營業時間從早上到下午 4:30。這次特地在早上來喝湯，作為早晨暖胃的點心。

INFO ／液香扁食店
地址／花蓮縣花蓮市信義街 42 號
營業時間／週一到週六 09:30-13:30；
週日公休

INFO ／戴記扁食
地址／花蓮縣花蓮市中華路 120 號
營業時間／已歇業，僅營業到 2023 年 8 月底

林記明禮路炸彈蔥油餅

　　當我問在地友人，花蓮有什麼食物是你會想念、或是推薦外地人來吃的呢？對方不假思索的回答：「炸蛋蔥油餅」。

　　離開花蓮前，我們尋到位於明禮路的蔥油餅攤販，招牌寫創立於民國 71 年，看老闆一邊現擀餅皮下油鍋炸，餅皮在油鍋加熱下雙面隆起，變得膨膨的、像個枕頭；一邊把整顆生雞蛋往油鍋裡放，瞬間炸開成球狀，蛋白開始變得金黃，好像一隻金魚浮在油上，老闆說新鮮的雞蛋才會炸得這麼漂亮！不一會功夫，把炸蛋撈起放置到餅皮上對折就完成了！熱呼呼的蛋香從餅皮竄出，半熟的炸蛋咬開流出金黃的蛋液，如此簡單卻美味，下次來花蓮一定會想再吃一份！

INFO ／林記明禮路炸彈蔥油餅
地址／花蓮縣花蓮市明禮路 18-3 號
營業時間／週四到週二 13:00-18:00；週三公休

海埔蚵仔煎

傍晚五點後才開店的「海埔蚵仔煎」，只賣蚵仔煎一項，1973年創業至今已五十年，一開店便座無虛席。門口擺上新鮮的蚵仔、白菜、雞蛋。老闆一人在煎台上一次煎八片，且將白菜堆放中間的熟練景象令人佩服，看得我目不轉睛！

INFO／海埔蚵仔煎
地址／花蓮縣花蓮市民國路 8 號
營業時間／週三到週一 16:30-22:30；週二公休

流流社風味餐

想來花蓮體驗原住民風味的料理——「流流社風味餐」，需先打電話訂位，以無菜單料理套餐的形式出菜，沒有固定菜色而是依照當日採摘的野菜、食材來料理。當天來到餐廳時，桌上已擺好以葉子擺盤的餐具，周圍還有許多木雕擺設。

第一道菜端上來一個大木盤，上頭以香蕉葉、植物、花朵裝飾，三個貝殼內盛裝不同的小菜，石頭上放切片的山豬肉、刺蔥雞肉。老闆笑臉迎人地開始說明今天的菜色內容，與客人互動要我們猜猜看都用了什麼食材，猜對才能吃！其中有一項橘色涼菜我們怎麼都猜不到，老闆跟我們揭曉謎底，這種食材肉似東瓜，是一種南瓜，外似西瓜，名叫「北瓜」！原來是用百香果醃製過的「北瓜」，從小到大吃過冬瓜、西瓜、南瓜，就是沒聽過「北瓜」。據說將果肉蒸熟後口感像麵條，因此也有「魚翅瓜」之稱。

吃飯居然還能學到新知，太好玩了。除了老闆本人，店家姐妹兩人也輪流上菜、說菜，用心介紹每一道佳餚：從烤魚、雨來菇豆腐、烤野菜、野菜湯到米飯都有各自的故事，廚房裡的大廚就是老闆娘；我最喜歡他們一家人的笑容與自然而然帶給客人歡樂感覺的氣氛。

離開前妹妹熱心地跑出來跟我們介紹說，「這個是鳥不踏，就是剛剛吃到的刺蔥，你看葉子背後有刺，所以鳥不敢踩。」又領我們到餐廳後院欣賞更多食材與野菜，拿起一大支香蕉葉說，「這個香蕉葉是早上我去砍下來的，放在剛剛的盤子上再擺上吃食，你要不要拿拿看？」

「後面那棵樹是麵包樹。」

「這個是毛西番蓮，你可以吃吃看裡面的漿果、很甜喔！」嗯，確實有股百香果的味道！

小小的後院暗藏著許多寶藏。學習餐飲的她，平時會在廚房裡幫忙擺盤、設計餐點。一次聽到好多未聞未見的野菜，我眼界大開，急著嘗百草，雖然一時來不及記下她說的每一樣食材名，但這一站，不僅胃飽足了，心也打開了，下回有機會一定要再到部落拜訪。

INFO／流流社風味餐
地址／花蓮縣花蓮市府前路 95-5 號
營業時間／週三到週日 11:30-14:00,
17:30-21:00；週一至週二公休

蔡記豆花

　　來到蔡記豆花不點豆花似乎有些奇怪，但店家推薦我們點仙草奶凍及薏仁牛奶。喝了一口薏仁牛奶口感濃郁，薏仁湯融合了奶香，不甜膩反而容易入口、好喝！仙草奶凍則是在仙草凍上鋪了滿滿的牛奶冰沙，冰涼的口感跟仙草融為一體，消暑解膩！

仙草奶凍

薏仁牛奶

明新冰菓店

　　夏天來一杯冰涼的檸檬汁消消暑。「明新冰菓店」的檸檬汁微帶檸檬皮的香氣，許多當地人都是整瓶整瓶購買。除了檸檬汁，店裡還販賣冰淇淋，買一球清冰感受、體會一下古早味。明新冰菓店的本店位於鳳林，但市區目前開了間分店，讓人得以清涼暢快。

INFO／蔡記豆花
地址／花蓮縣花蓮市民國路 73 號
營業時間／週三到週一 13:30-22:00；
週二公休

INFO／明新冰菓店
地址／花蓮縣花蓮市民國路 32 號
營業時間／週日到週五 10:30-22:00、
週六 13:00-22:00

> 美食路線

壽豐

豐春冰菓店

　　表姐在壽豐教書，推薦火車站附近這間老字號的「豐春冰菓店」。記憶深刻的是店家使用甘蔗製的碎冰，選了綠豆、芋泥作為配料，才挖了第一口就被綿密的芋泥征服了，後來得知原來花蓮也盛產芋頭，新鮮的芋泥香甜不膩，搭配微甜的甘蔗冰、綠豆一起吃簡直完美配搭！腦中清晰記得那天我們在火車站前乘涼吃冰，看著小鎮上的人與街景，吹著風，愜意的午後。

綿密的芋頭

綠豆

甘蔗碎冰

INFO／豐春冰菓店
地址／花蓮縣壽豐鄉壽豐路一段 79 號
營業時間／週三到週一 10:30-16:00；
週二公休（營業月分大約是 4 月到 10 月）

玉里

玉里橋頭臭豆腐

　　聽花蓮朋友說玉里有一間號稱全台最臭的臭豆腐，遠遠的就看到大片人潮在等待叫號點餐；這是我覺得奇特的地方，原來要點餐前需先領取號碼牌，叫號時才點餐，品項只有大份（五塊）及小份（三塊），還有販售一些飲料。

　　臭豆腐炸得外酥內多汁，上面鋪滿了泡菜、蘿蔔絲，還有九層塔，可以自行淋上辣椒醬。本想說也太誇張哪有大家說的這麼臭，吃完後上車卻仍隱約聞到身上殘留的臭豆腐氣味，才知所言不假，回程默默搖下車窗。

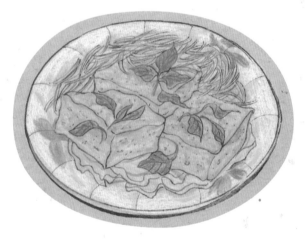

INFO ／橋頭臭豆腐
地址／花蓮縣玉里鎮民權街 15 號
營業時間／每日 10:30-19:00

玉里麵
Yuli Noodle

　　第一次聽聞玉里麵是經過玉里時，朋友帶我去一家名叫「馬蓋先」的麵店。其實很多店都賣玉里麵。玉里麵組成內容物大致為，瘦肉切片搭配 Q 彈的麵條、韭菜、豆芽菜及芹菜，還有重點靈魂的油蔥酥。玉里麵有湯的也有乾的，像似台式拉麵，但為什麼是叫玉里麵呢？店家把玉里麵的介紹畫成漫畫解說，以下是文字摘錄：

　　相傳日本時期，由於當地的日本人愛吃麵食，便將日本麵食文化帶進玉里，並結合當地食材，開啟了玉里人的麵食歷史。戰後，一位福州師傅隨著國民政府遷台，在玉里鎮上擺起麵攤，賣起一種外形與油麵相似的大麵，其口感彈牙有嚼勁，深受老饕喜愛，因此名聲大噪，當地人便稱為「玉里麵」。

INFO ／馬蓋先美食玉里麵
地址／花蓮縣玉里鎮光復路 101 號
營業時間／每日 08:00-19:00

台東

　　這本書源於台東的旅行，好友帶我一路從台東市區、長濱、池上、關山、成功、鹿野、卑南到知本等鄉鎮。本來預計停留三天的行程，竟三度延期，待了將近一個月！難怪大家都說台東的土地很黏！離開不久後，我又再次回到這裡過生日，並有機會深入到山區，住在金峰鄉的原住民部落。前後花了將近兩個月實地走訪才稍稍了解東台灣。

　　台東背山面海，因此可以同時品嘗到山珍與海味，臨海的成功漁港有豐盛的海鮮漁獲，造就大量海味料理，像是鬼頭刀、蘭嶼的飛魚、在綠島的魚粽、海草冰、海草冰沙、人魚的眼淚等海藻，海洋的食材融入日常菜色。位在長濱的「邱爸爸海味」、「馨家小廚」是在地人推薦能品嘗到新鮮漁獲料理的在地餐館。

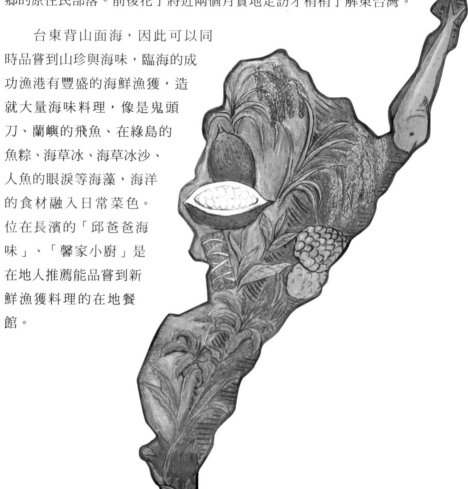

　　說到山珍，除了在台東常見的作物食材，如池上的稻米、太麻里的金針、金峰鄉的洛神、木鱉果、釋迦等等，再深入到山區還有原住民料理常用的刺蔥、馬告、山胡椒、小米、山豬肉等在地食材。之前為了預備參加台東 Pasiwali 音樂季擺攤，參與甜點師朋友研發在地食材風味 Gelato 的過程，分別製作刺蔥可可、馬告檸檬、洛神鳳梨三種口味的冰淇淋。當時，還品嘗超多原住民風味美食，像是用小米和芋薯粉製作的阿粨、阿美族笛笛飯、小米甜甜圈、刺蔥烤肉、莕葉醬麵包，還有各式的小米酒調酒等等。

蘭嶼

炸飛魚

綠島

海草冰沙

海草冰

海草湯圓

海燕窩

INFO ／邱爸爸海味
地址／台東縣長濱鄉 10-1 號
營業時間／週日到週五 11:00-14:00，
17:00-21:00；週六 09:00-21:00

INFO ／馨家小廚
地址／台東縣長濱鄉 100 號
營業時間／週四到週二 11:00-14:00，
17:00-20:00；週三公休

金峰鄉部落

　　應朋友之邀拜訪位於金峰鄉的原住民部落。短短三天體驗串陶珠、騎馬、射箭、泡野溪溫泉、溯溪找尋秘境瀑布等，差點還可以親眼目睹抓山豬！現在回想起來還是覺得不可思議。記得當時正值小米收成的時節，路邊一捆捆的小米堆非常美。

　　部落裡一位婆婆拿了一束小米給我，一一跟我講解原住民飲食特色，有趣的是，當中有很多食物名稱是排灣族與魯凱族的族語發音，婆婆用鉛筆寫下拼音在我當時未完成的台東地圖牛皮紙畫紙上。曾是酋長的老先生也在一旁很熱情地講述、形容在地的物產。記得要離開部落前，他們的孫女剛要滿周歲，老先生欣喜地邀請我們一起做傳統美食「阿粨」，可惜因行程緊湊無法繼續停留，不然真的很想親手做做看！

金針花

阿粨
A-Bai

　　是一種類似粽子外型的原住民傳統美食，以小米磨粉製成，煮熟後口感類似年糕，內餡有豬肉或花生粉等甜、鹹口味，外面以假酸漿葉、月桃葉等兩層葉子包裹成長條形，再用繩子綑綁固定。將最外層的部分去除後，內層的假酸漿葉可直接食用。通常會在原住民祭典、節慶、結婚、生育時才製作食用。

搖搖飯

pinuljacengan

　　為排灣族的傳統家常料理之一，也俗稱為「山地飯」。熬煮成像是野菜粥的料理，通常會搭配豆腐乳、鹹魚、鹹豬肉一起食用。山地飯會稱作搖搖飯是因烹調這道菜時必須一直攪動，直到煮熟收乾，鍋底才不會燒焦失敗。

　　第一次品嘗到搖搖飯是在太麻里的 Kituru，山地飯套餐內的蔬菜主要為龍葵或 A 菜、刺蔥、南瓜，穀物主要是小米或紅藜、白米、芋頭粉。內容物會隨著季節變化、收成多寡，作彈性調整。傳統搖搖飯都是全家一起享用，圍著大份量的鐵鍋挖取食用；而 Kituru 這裡可以品嘗到小份量的單人鍋，讓來客體驗山地飯的滋味。

排灣族搖搖飯

煎鹹魚　　豆腐乳　　鹹豬肉

野菜、地瓜、刺蔥粥

INFO／Kituru

地址／台東縣太麻里鄉大溪路 110 號
營業時間／週三到週一 06:00-17:00；週二公休

美食路線

台東市

雲洲農園

　　在台東印象最深刻的行程之一就是參觀木鱉果果園！木鱉果是一種台東原生原住民食材，原住民名稱為 Hamunly / Sukuy。第一次聽到這個特色食材，超級期待，碰巧撞上收成的夏天，遂直接預約「雲洲農園」拜訪參觀。現場除了果實還有難得一見的果實公花與母花，果實外觀有點像可可果，切開是火紅色果肉，含豐富的營養成分。聽農園主人詳細解說才知它的名稱源於種籽去掉種皮後，因長得像鱉而如此命名。但不適合生食，必須先煮過，口味才沒有明顯的味道；吃起來像木瓜＋柿子的口感，超級特別，可用來煮湯或做果汁。主理人致力於農業推廣，嘗試用創新思維融入傳統農業。而我有幸繪製木鱉果的插畫視覺，用插畫參與推廣飲食教育、在地文化亦是自己覺得很有意義也很想做的事。

INFO ／雲洲農園
地址／台東縣台東市成都南路 424 巷 139 號
營業時間／每日 08:00-12:00, 14:00-18:00

正東山冰屋

　　說到夏日吃冰，頂著老字號的招牌，正東山冰屋的門面有著濃濃的懷舊風情。點了一個月見冰：即在剉冰上放上一顆生蛋黃，再淋上煉乳、灑上彩虹色巧克力糖：吃的時候將蛋黃戳破，一起拌著吃，是甜甜的蛋黃冰。隔壁還有斗大的美國油條三明治招牌、販售著像是營養三明治的攤販。吃完冰再來一個炸得油脆的麵包三明治果腹，內餡夾著滷蛋、熱狗、小黃瓜、美乃滋……充分懷舊。雖說是美國油條，卻是在美國一定吃不到，且充滿著濃厚的西化台式口味。

INFO ／正東山冰屋
地址／台東縣台東市福建路 173 號
營業時間／週一到週六 12:00-19:30；
週日公休

INFO ／美國油條
地址／台東縣台東市福建路 173 號
營業時間／週一到週五 12:00-20:30；
週六、日公休

藍蜻蜓速食專賣店

　　西化的台味另一個例子就是台東限定的速食餐廳藍蜻蜓，店裡雖然販售著炸雞、漢堡套餐，有趣的是這裡的炸雞有獨特的台式調味。藍白色招牌、藍色磁磚，桌椅都充滿著年代感。在台東創立超過三十年的台式炸雞店，經過時常看到長長的人龍，甚至排到馬路上，點了藍蜻蜓全餐包含：炸雞翅、雞塊、漢堡、薯條、飲料。

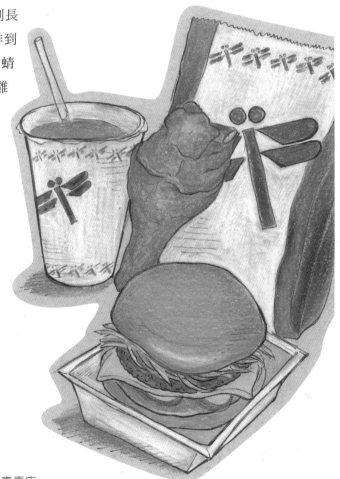

INFO ／藍蜻蜓速食專賣店
地址／台東縣台東市大同路 214 號
營業時間／週二到週日 10:30-23:00；週一公休

橋

在台東市區的餐館「橋」，提供以在地食材設計的簡餐，每一道菜及食材的運用都很有巧思。當天的兩道主食為洛神香煎雞腿排、馬告鳳梨豆乳豬，搭配炒金針花、大花咸豐草烘蛋等配菜，加上刺蔥海帶湯，飯後甜點是木鱉果雞蛋布丁、芭樂心葉茶，每一個細節都是用心搭配。一頓飯可以看出在地農業物產縮影，精緻舒服，很符合台東慢食的精神。

焦糖牛奶派

芭樂心葉茶

木鱉果
雞蛋布丁

情人的眼淚　炒金針花

大花咸豐草
烘蛋

INFO ／橋
地址／台東縣台東市浙江路 12 號
營業時間／週一到週二 11:30-20:00、週五到週日 11:00-20:00；週三、四公休

池上便當
Chihshang Bento

　　第一次來池上是為爬嘉明湖而來。想到池上就猶如看到風中搖曳的金黃稻浪，飄出稻香，垂涎那粒粒分明的池上米。四個多小時的車程早已飢腸轆轆，一出池上火車站，立馬決定買一個池上便當。全美行池上便當中午時段排隊人眾多，記得招牌月台便當是外用紙包覆的木片便當盒，內有半顆滷蛋、香腸、青菜、肉片、柴魚片，加上粒粒分明的池上米，十分飽足！

　　因喜歡上池上這小鎮而決定多待幾天，打算開展慢活的生活；這裡有許多日式老房子改建的店家、咖啡廳、民宿。當時還巧遇難得一見的日環食天文奇景，跟民宿借了台腳踏車到處晃，路上到處都是人拿著底片往天上猛看。

INFO ／全美行池上便當
地址／台東縣池上鄉中正路1號
營業時間／每日 06:30-21:00

沿途中從大坡池到伯朗大道，經過許多縱谷大地藝術節的藝術裝置，好似重拾瀨戶內海藝術季在鄉野中尋找藝術品的樂趣。不知不覺闖入了不見邊際、整片的金黃稻浪在風中搖曳，搭配綠色的山脈、藍色的天空，好美啊！吹著風，整片色彩映入腦海，至今仍令我難忘。豔陽高照下顯得稻田更加金黃，在沒有遮蔭的筆直稻田中豎立著幾棵大樹，當下立即停下單車，只想躲到沒人的蔡依林樹下乘涼遠眺金城武樹。

後來參加池上秋收稻穗藝術節，得以在這個季節徜徉在稻田裡聽桑布伊，讓歌聲繚繞在田野之中，這體驗實在很美好。

舒食男孩

說到以在地食材入菜，台東朋友推薦這間舒食男孩餐館，我點了一份火龍果炒飯：紫紅色的米飯，配料與火龍果的香氣一併炒入池上米飯裡，相當特別。也附上配菜、湯品、甜點、飲料，能感受得到店家的別緻用心。

火龍果木瓜凍

火龍果炒飯

INFO ／舒食男孩
地址／台東縣池上鄉中華路 69 號
營業時間／週三到週一 12:00-14:00, 18:00-20:00；週二公休

鹿野

第一次去鹿野，是衝著「台灣國際熱氣球嘉年華」。一大清早駕車前往，遠遠看見從山谷中緩緩飄在半空的熱氣球，驚呼連連！好大顆啊！從縱谷裡看熱氣球升起，比想像中的還壯觀，但要早點來喔，太晚可什麼都看不到。看完熱氣球，品嘗了鹿野的紅烏龍，此外，也鼓勵大家可以體驗農作，感受在東台灣山谷裡的悠閒。建議可順道前往關山吃臭豆腐。

關山

關山臭豆腐

關山鎮臭豆腐遠遠就可瞧見人龍，一盤炸得酥脆的臭豆腐，淋上特製醬汁，加一點辣醬，最後擺上一撮粉色酸菜和香菜點綴。一口豆腐夾雜著鹹辣酸香，咬下酥脆的外皮後湧出鮮美的湯醬汁。

INFO／關山臭豆腐
地址／台東縣關山鎮和平路 87-5 號
關山公有零售市場
營業時間／週五到週三 09:00-16:00；週四公休

成 功

飛魚料理
Flying Fish Cuisine

　　成功漁港附近的比西里岸部落，沿海有許多裝置藝術以及海景餐廳，建議可以找一間海邊的店家品嘗烤飛魚一夜干配洛神汁，欣賞海景，吹吹海風。

成功豆花

　　木屋的外觀，遠遠便可見到成功豆花四個字飄揚在白色布旗上，一碗豆花吸引來往車輛駐足。綿密的豆花有著一點點焦香味，加上一些綠豆、薏仁，蓋上碎冰再淋上糖水，在炎熱的夏日海邊來上一碗碎冰糖水豆花，舒心又沁涼消暑。

INFO ／成功豆花
地址／台東縣成功鎮中山路 63 號
營業時間／每日 09:00-18:00

長濱

　　長濱距離台東市區甚遠，從海線一路往北開，走走停停，沒有行程規劃，隨心所至，喜歡的地方一待就是好幾個小時，這樣的隨性、沒有預設，反而帶給我們好多驚喜。這天來到長濱，臨時在禾多露營區扎營。夜晚開進烏黑的田野中，遠遠迎來微微的燈光，只見到滿天星星，聽見蟋蟀嘈雜的鳴叫。天一亮，拉開帳篷的剎那看見與海平面平行的視野，背山面海的景致如詩如畫。因為臨時決定紮營，除了帳篷什麼食物都沒有，老闆請我們吃月桃粽和自家釀製蜂蜜啤酒。營區內有很乾淨的洗漱、淋浴空間、游泳池、電源、飲用水源、冰箱，設施非常完善。

野碧咖啡

　　在附近找了間咖啡廳，原本打算喝杯咖啡後就要到其他景點走走，竟然就黏在「野碧咖啡」一下午跟老闆聊天，他們選在面山靠海、風景絕佳的地方過起生活。隨時間天色更易而有不同山景、海景；這建築本身就像極一個大畫框，置身其中彷彿被景色包圍。在環境這麼美的地方，只想好好畫圖，留下美好。無奈隨身畫本畫完了，老闆娘好心地給了我畫紙，讓我留下美好。

　　回台北後，在一次繪畫工作坊出現了熟悉的面孔，「你記得我嗎？」竟然是「野碧咖啡」的老闆娘，遠從長濱到台北上我的畫畫課，好開心緣分得以延續，更加珍惜每一次相遇。希望不久後能再回訪美麗的長濱。

INFO ／野碧咖啡
地址／台東縣長濱鄉三間村真柄 47-13 號
營業時間／週四到週日 13:00-17:00，採預約制；週一到週三公休

Sinasera24 法式餐廳

2020 年 10 月，特地約了幾個朋友再次回到台東過生日。沿著海線駛向長濱海岸線，自從來過長濱就對這個地方的慢活步調著迷。

「Sinasera」取自阿美族語「大地」的意思，並以在地節氣食材入菜。這次品嘗的「二十四節氣套餐」是深秋的「寒露」。第一道開胃小點以秋季的食材開啟序幕，分別是用黑米紅藜小米做的米糕、花椰菜、蜆調味的白玉蝸牛、毛豆 churro 裹發酵蘑菇粉，尾韻帶點蕈菇味，非常有趣。佐餐飲品選擇搭配楓香與烏龍製的康普茶，十分協調。其中我最喜歡的一道是以成功生白旗魚片搭配濃郁的飛魚奶油和大黃瓜果凍底層的冷盤，味道清爽鮮甜，也反應了海洋食物鏈的縮影。接下來的三道主食分別是黑喉魚配羅望子芭蕉醬、小卷絲瓜紹興燉飯、黑蒜 & 栗子泥鵪鶉。

甜點則是帶鮮鹹味的東北角鮑魚肝蛋糕，配上泰源野薑花冰淇淋，得以用來反轉味覺的新穎感受。最後的三款佐茶小點是香蕉綠豆蔻棉花糖、可可費南雪配上板栗煉乳和月桃籽烤布蕾。其中以月桃籽提味的甜是第一次體驗的獨特韻味，搭配蓮花茶收尾正好。

東台灣的山鮮野味、海韻水產尚有許多值得探尋。這趟給我的感覺好似回到在歐洲尋訪 fine dining 餐館的路徑，卻多了一份對台灣風土的熟悉。後來因食譜繪製工作有機會跟著團隊再次來到 Sinasera24 訪問 Nick 主廚，他致力推動地方飲食教育及連結在地工藝、食材的精神令人佩服。這一切又讓我想起在玻利維亞 Gustu 餐廳的工作經驗，見證餐飲產業可以帶動地區經濟、教育、觀光、以及扮演文化倡導的角色。期許身為創作者的自己，也可以為此盡一份心力。

INFO ／ Sinasera 24 法式餐廳
地址／台東縣長濱鄉南竹湖 26-3 號
營業時間／週一、週四到週五 18:00-21:30、週二到週三 09:00-17:00、週六到週日 11:30-21:30

敬自己

為了這本書，我出賣了自己的身材

後記

　　兩年過去了，當初一個單純環島蒐集各地美食的念頭，沒想到竟會是如此耗時的旅程。除了中間一度因疫情爆發，中斷行程，也有許多店家暫停營業，甚至關門大吉，使這本書完成的速度減緩許多。意外的收穫是，我發現到台灣味除了食物本身之外，更多的是人的故事與人情味。不是要矯情，因為這本書讓我聯繫上許久沒聯絡的老友、同學，也遇見素未謀面的網友、熱心的路人、家人親戚，以及幾乎陪我環遍全島的男友，才促成了這些無數趟的島內各地旅程。（離島地區：澎湖、金門、馬祖則尚未囊括至此書之列。）可惜文中篇幅有限無法一一列舉，也有許多遺珠需忍痛割捨，再此感謝所有各縣市旅程中遇到的受訪者、引薦人、帶路人，以不同的形式參與了這趟旅程：（無順序分）

　　（北北、基、桃、竹、苗）翊暘、新穎、寶如、吳宜晏、雙口呂文化廚房、Ruby 一家、Nada、陳巧瑩、Kevin、劉冠妏；（中、彰、投、雲）陳子宇、陳佑昇、珈瑩、張佩、寶螺夫婦、天奕、佳慧、涵涵 & 淳淳姐妹、劉恒宏阿宏師、菇農曾大哥、董亦揚、許儷馨、春錦製茶農 Jason 一家、Frank 羽辰、好友 Fyn 一家；（嘉、南、高、屏）狀元果汁、余國信、嘉義怡君表姐一家、怡靜表姐一家、台南的眾多家人、劉星

佑、陳漢聲、黃騰立、楊雅君、Angie、李易銘、阿迪、小鞍、Eza、Febbi；（宜、花、東）奉珠吧、花蓮怡婷表姐一家、Rachel、Sean、大張、部落老大一家，以及承億文旅在部分旅途中的住宿贊助。

最後要大力感謝前後兩位編輯溫溫及姿穎的耐心協力，陪同我完成我的第一本書。以及主廚 Nobu、陳佑昇、趙函穎營養師，願意在第一時間推薦本書，備感榮幸。

感謝所有陪伴我完成這本書的你們，大家無私地分享口袋名單。以及那些與我同行旅程、用餐的朋友們，陪我分擔熱量之餘也製造共同回憶；當我回顧這些畫作時，浮出腦海的除了食物本身的味道，還有當下共餐的人及情景。謝謝你們讓此書不只是一本台灣美食圖鑑清單，更多了那份人與人的情感與真實的人情味。

王意馨
Leslie Wang

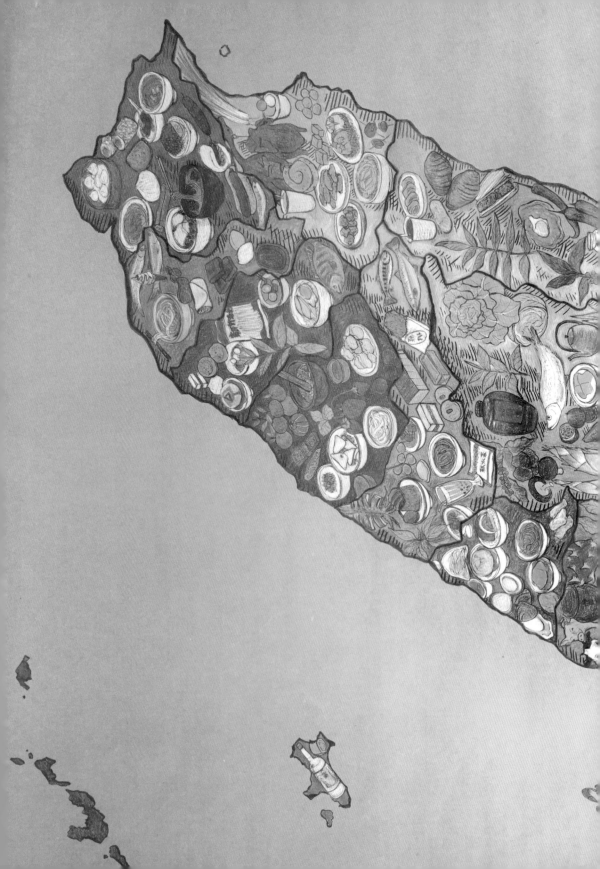

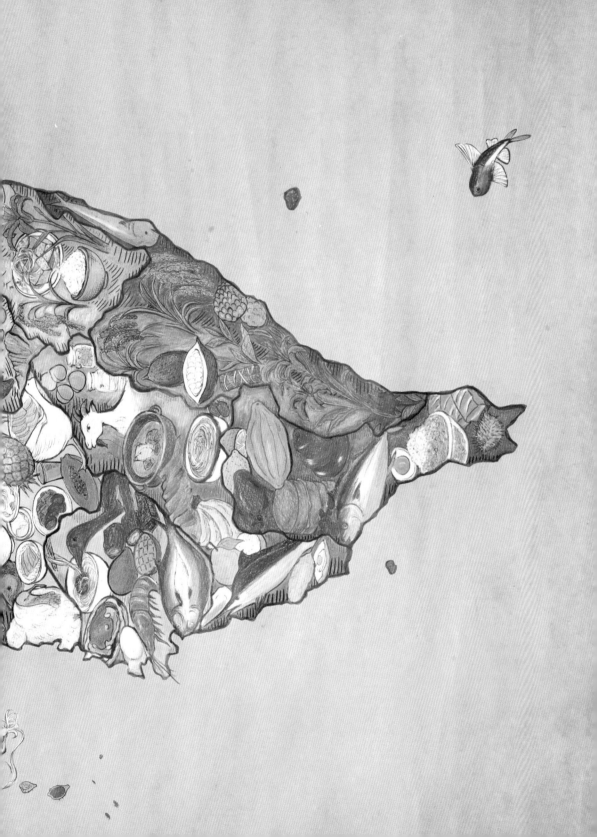

巷仔口的美食家

200⁺ 台灣最在地的小吃速寫 X 老店尋味

作　　者	王意馨 Leslie Wang	香港發行所	城邦（香港）出版集團有限公司
責任編輯	陳姿穎		香港灣仔駱克道 193 號東超商業中心 1 樓
內頁設計	江麗姿		電話：（852）25086231
封面設計	任宥騰		傳真：（852）25789337
行銷企劃	辛政遠、楊惠潔		E-mail：hkcite@biznetvigator.com
		馬新發行所	城邦（馬新）出版集團
總編輯	姚蜀芸		41, Jalan Radin Anum, Bandar Baru Sri
副社長	黃錫鉉		Petaling, 57000 Kuala Lumpur, Malaysia.
總經理	吳濱伶		電話：（603）90563833
發行人	何飛鵬		傳真：（603）90576622
			E-mail：services@cite.my
出　　版	創意市集		
		展售門市	台北市民生東路二段 141 號 7 樓
發　　行	英屬蓋曼群島商家庭傳媒	製版印刷	凱林彩印股份有限公司
	股份有限公司城邦分公司	初版 3 刷	2024 年 8 月
	歡迎光臨城邦讀書花園	I S B N	978-626-7336-28-1
	網址：www.cite.com.tw	定　　價	490 元

客戶服務中心

地址：10483 台北市中山區民生東路二段 141 號 B1
服務電話：（02）2500-7718、（02）2500-7719
服務時間：周一至周五 9：30 ～ 18：00
24 小時傳真專線：（02）2500-1990 ～ 3
E-mail：service@readingclub.com.tw

若書籍外觀有破損、缺頁、裝釘錯誤等不完整現
象，想要換書、退書，或您有大量購書的需求服
務，都請與客服中心聯繫。

國家圖書館出版品預行編目（CIP）資料

巷仔口的美食家：200⁺ 台灣最在地的小吃速寫 X
老店尋味 / 王意馨著；Leslie Wang 繪 . -- 初版 . --
臺北市：創意市集出版：英屬蓋曼群島商家庭傳媒
股份有限公司城邦分公司發行 , 2023.10
　　面；　公分

　　ISBN 978-626-7336-28-1(平裝)
　　1.CST: 飲食風俗 2.CST: 臺灣遊記

538.7833　　　　　　　　　　　　　　112013102